北京财贸职业学院委托课题“职业教育新商科国际化水平提升战略行动研究”
（课题编号：CZYA201909）资助出版

高等职业学校专业教学标准
国际化操作指南

Guidance for Developing International Professional Standards in Higher Vocational Colleges

姜　宏　等　编著

对外经济贸易大学出版社

中国·北京

图书在版编目（CIP）数据

高等职业学校专业教学标准国际化操作指南/姜宏等编著．—北京：对外经济贸易大学出版社，2021. 7

ISBN 978-7-5663-2311-8

Ⅰ. ①高… Ⅱ. ①姜… Ⅲ. ①高等职业教育－国际化－研究－中国 Ⅳ. ①G718. 5

中国版本图书馆 CIP 数据核字（2021）第 157746 号

高等职业学校专业教学标准国际化操作指南

Guidance for Developing International Professional Standards in Higher Vocational Colleges

姜 宏 等 编著

责任编辑：汪 洋

出版发行：对外经济贸易大学出版社

社 址：北京市朝阳区惠新东街 10 号

网 址：www. uibep. com

资源网址：www. uibepresources. com

邮政编码：100029

邮购电话：010－64492338

发行部电话：010－64492342

E－mail：uibep@ 126. com

成品尺寸：215mm×278mm

印 张：9. 75

字 数：253 千字

ISBN 978-7-5663-2311-8

印 刷：北京时代华都印刷有限公司

版 次：2021 年 7 月北京第 1 版

印 次：2021 年 7 月第 1 次印刷

定 价：50. 00 元

编写委员会名单

胡　霞	杜海霞	谭智俐	王智慧	王景香
喻　炼	何云海	田光大	周欣奕	刘　玥
李维维	刘　莉	高亚妹	冯茂芳	高兰凤
李　思	徐　萌	黄　荣	闻立欧	龙　洋
武　飞	付立娟	赵晓燕	李兴志	唐正清

前言 PREFACE

2014 年《国务院关于加快发展现代职业教育的决定》提出：积极参与制定职业教育国际标准，开发与国际先进标准对接的专业标准和课程体系。2019 年《国家职业教育改革实施方案》明确了职业教育与普通教育是两种不同教育类型，提出建成具有国际先进水平的中国职业教育标准体系，将标准建设作为深化职业教育改革的突破口，发挥标准在职业教育质量提升方面的基础作用。《教育部 财政部关于实施中国特色高水平高职学校和专业建设计划的意见》（教职成〔2019〕5 号）提出：加强与职业教育发达国家的交流合作，引进优质职业教育资源，参与制定职业教育国际标准，开发国际通用的专业标准和课程体系，推出一批具有国际影响的高质量专业标准、课程标准、教学资源，打造中国职业教育国际品牌。国家职业教育改革的系列文件都特别突出了专业标准和课程标准建设的基础性和重要性，也为高职院校专业和课程建设指明了改革的方向和工作举措的着力点。

陈宝荣（2012）指出，高职教育国际化是高等职业院校依据国际公认的课程标准，运用科学合理的教学手段，培养具有国际视野和在国际范围内通用的技能人才，是一个综合而又完整的教育过程，强调对培养对象——人的塑造和激发，使之趋向于合乎共同标准的教育活动。高职教育要走向国际化必须在教育理念、培养方式、课程体系、合作与交流等方面都要与国际接轨。从认识观念上树立国际化的意识，确定国际化的人才培养目标；在操作过程中要按国际职业教育的要求开展，用国际通用的培养方式和课程标准；在教育理念、人才培养模式上要借鉴职业教育发达国家的理念和模式；要加强师资队伍建设，让高职院校的教师了解国际职业发展形势，具备“双师”和“双教”能力；教学内容上能与国际化的课程对接，要考虑国际市场的产业结构和变化，不断调整专业补充知识；在教育活动中要开展国际化的交流与合作，培养的学生具有适应国际化机构的专业知识和技能，具备全球视野、创新能力和国际竞争力[0]。

北京财贸职业学院 2015 年开始实施北京市高端技术技能人才贯通培养项目，就高职毕业生出国留学与美国、加拿大、英国、澳大利亚、新西兰、芬兰等国家多所高校开展了基于课程标准的学分互认和专业衔接工作。在这个过程中，学校组织开发了英文版的专业人才培养方案和课程标准。尽管语言通了，国外大学能够看懂我们的专业和课程方案了，但在对比国外人才培养方案和课程标准的过程中，我们也发现了中方院校在人才培养目标、课程设置、考核办法、质量保障方面与国际合作伙伴存在的显著差异。也正是由于我们与国外高校在学习成果的描述方式、实现方式和考核方式方面存在着显著差异，导致我们实际被认可的学分十分有限。

课题组认为高职院校国际化的核心是专业的国际化。专业国际化的核心是专业标准的国际化。专业标准的国际化就是专业标准要体现出国际通用性和国际先进性。专业标准的国际通用性就是要与国际接轨，在职业教育理念、人才培养模式、课程设置、教学方法、考核评价等方面体现出与国际发展趋势的一致性，就是相同层级的教育培训课程，要能够与国际同类院校同等水平的课程产生接近的学习成果。国际通用性是衡量国内高职院校教学质量是否达到国际标准的重要指标，是国内高职院校能否与国际同行在通用的话语体系里进行对话与合作的前提。专业标准的国际先进性，就是在对接国际通用标准的基础上，在某些行业或专业领域，院校能够发挥自身资源优势把学校办出特色和水平，在国际高等职业教育市场体现我国产业发展和职业教育改革的双重竞争优势，使某些职业教育专业建设水平位于世界前列。中国高职院校打造国际通用和国际领先的专业标准或许是建设国际品质、世界水平的“双高”院校的一条可行路径。

本书的写作目的，一是帮助国内高职院校梳理当前国际通用的专业标准和课程标准体现了怎样的教育理念和培养目标，其课程体系、考核体系、质量保障体系是如何保障其人才培养目标实现的；二是帮助国内高职院校研制开发英文专业教学标准，便利国外院校了解国内院校人才培养目标规格及课程标准的内涵、促进国际理解与沟通，便利国内学校开展国际学分互认和专业衔接升学、促进学生国际交换学习，便利学校开展国际学历学位评估认证、提供国际通用的人才培养方案、课程标准与考核方案。

本书共分为四章。第一章比较分析了中英两国应用型高校专业人才培养方案的制定与实施的异同。第二章原文展示了英国罗伯特高登大学会计与金融专业人才培养方案、专业教学计划、核心课程标准、学生手册、教学与考核等专业标准文件，以期读者能够直接领会国外大学专业的标准内涵，同时进行了中文翻译，方便读者理解和比较分析。第三章依据《教育部关于职业院校专业人才培养方案制定与实施工作的指导意见》以及教育部《高等职业学校专业教学标准》基本框架，参照英、美、澳等职业教育发达国家高校专业教学标准格式，提出了高职院校制定英文版专业人才培养方案、专业教学计划、课程简介及课程标准的参考格式，为计划开发英文版专业标准的院校提供参考指南。第四章以北京财贸职业学院贯通培养三年制会计（注册会计师）专业为例，展示了中英文专业人才培养方案、专业教学计划、专业课程简介、专业课程标准。最后，本书随附了三个附录，附录 1 列出了苏格兰学分与资历框架（Scottish Credit and Qualification Framework，SCQF）的特征描述以及 7 ~ 10 级的等级标准，希望读者可以建立起高等教育不同学段人才培养的规格如何与资历框架等级标准进行衔接的概念，尤其是要关注不同学段之间学习成果的进阶是如何描述的。附录 2《高等职业学校会计专业教学标准》和附录 3《职业院校专业人才培养方案参考格式及有关说明》，方便读者在研制校本国际化专业教学标准时能够参照国家相关专业教学标准及格式。

本书由北京财贸职业学院国际教育学院院长姜宏副教授主笔，学校立信会计学院杜海霞教授、谭智俐副教授、王景香副教授、喻炼副教授、田光大副教授、何云海、王智慧等老师负责本书北京财贸职业学院会计专业中文人才培养方案及课程标准的撰写，学校国际教育学院胡霞副教授承担了第一章部分内容撰写及第二章英国罗伯特高登大学部分教学标准的翻译，周欣奕老师承担了附录 1

苏格兰学分与资历框架标准的翻译工作，刘玥副教授、李维维、刘莉、高亚妹等老师承担了学校中文专业标准的英语翻译工作。本书编写还得到英国罗伯特高登大学中国区经理王佳女士的大力支持，在此特别致谢。本书由北京财贸职业学院委托课题“职业教育新商科国际化水平提升战略行动研究”（课题编号：CZYA201909，课题主持人：姜宏）资助出版。

由于编者水平所限，本书难免存在以偏概全或有疏漏之处，恳请专家学者、兄弟院校同行批评指正。

姜　宏

2021 年 7 月 18 日

目录 CONTENTS

第一章

中英应用型高校专业人才培养方案制定实施的比较分析

[本章导读]

中英两国教育部门对专业人才培养方案及其核心要素的定义既有趋同的趋势，又存在理念和控制点上的差异。高校层面在专业人才培养方案制订与实施、专业教育教学质量保障体系的建设与管理实践方面也存在较大的区别。本章通过对中英两国应用型高校专业教学标准的比较分析，指出国内高职院校可以在培养目标设定、课程体系构建、考核评价管理、质量保障体系等方面借鉴国际经验，加强内部质量管理。同时，建议教育行政部门开发基于职业教育的国家资历框架、组织开展专业评估，高职院校还可以考虑通过国际专业标准评估认证来推进与国际标准对接的进程。

一、两国教育部门对专业人才培养方案的认识

英国高等教育质量保障署（Quality Assurance Agency，简称 QAA）将专业人才培养方案（Course Specification）定义为“对高等教育专业预期学习成果以及实现和证明这些成果的方法所做的简要描述。”每个专业人才培养方案都列出了实际信息，包括完成课程后获得的学历等级、专业最后一次内部审核及相关专业机构或法定机构批复的日期。人才培养方案的核心是专业总体目标和学习成果。专业目标反映了每个教学专业的总体目标、专业的拓展目标、学术范围和突出特色。学习成果是学生在成功完成专业学习后将具备的技能或知识。专业人才培养方案应体现成功完成专业学习的学生通过考核或课程作业后应具备的或可展示出的学习成果[1]。

我国教育部将专业人才培养方案定义为“职业院校落实党和国家关于技术技能人才培养总体要求，组织开展教学活动、安排教学任务的规范性文件，是实施专业人才培养和开展质量评价的基本依据”。专业人才培养方案应当体现专业教学标准规定的各要素和人才培养的主要环节要求，包括专业名称及代码、入学要求、修业年限、职业面向、培养目标与培养规格、课程设置、学时安排、教学进程总体安排、实施保障、毕业要求等内容，并附教学进程安排表等。同时，规定了学校制订专业人才培养方案必须满足的基本要求[2]。

与英国 QAA 不同，我国教育部虽然规定了专业人才培养方案应当包括的基本要素，但并没有指出

哪个要素是人才培养方案的核心。江小明等（2019）曾指出人才培养方案的核心内容是专业课程体系[3]。这一点与英国 QAA 将课程视为实现学习成果的方法，还是有很大的不同的。中英两国教育部门对人才培养方案在理念认识上的差异，将直接决定两国高校对人才培养方案制订和实施的控制要点的不同。

二、两国高校人才培养方案的制定依据

英国高校制定人才培养方案的上位标准，是由 QAA 协调、组织学科专家撰写学科基准声明（Subject Benchmark Statements），学科基准声明描述了特定学科的研究性质和期望毕业生达到的学术标准，规定了毕业生在学习结束时应该了解、掌握和理解的内容。QAA 指出：学科基准声明用于专业设计、教学和评审的参照点（Reference Points），为高等教育机构提供一般性指导，但不是想制定国家统一的课程体系或者预先规定教学方法。相反地，学科基准声明允许学校保有灵活性和创新性[4]。

QAA 的学科基准声明与我国的《高等职业学校专业教学标准》有着相似的功能。我国《高等职业学校专业教学标准》是高等职业学校进行教学基本建设和专业建设的基本标准，适用于独立设置的高等职业学校（含高等专科学校）及本科院校、独立设置的成人高等学校和有关高等教育机构举办的高等职业教育（专科）的专业教学及管理[5]。同时，国家《高等职业学校专业教学标准》“给地方行政教育部门和学校依据该标准制定地方标准和专业人才培养方案等留出空间，鼓励学校根据办学定位和区域发展需求，基于标准办出特色；鼓励学校基于标准，深化以提高人才培养质量为目标的改革和创新[6]”。

三、中英人才培养方案核心要素对比分析

英国高校的人才培养方案一般包括该专业的基本信息、专业目标、学习成果、教学方法、评价方法、课程结构、学习资源等要素，与我国高职院校人才培养方案的核心要素基本一致。我国的专业教学标准除规定上述因素外，还包括职业面向、实施保障、毕业要求等要素。下面重点分析两国应用型高校人才培养方案在培养目标、课程设置、考核评价、质量保障四个方面存在的显著差别。

（一）人才培养目标

1. 人才培养目标的定位不同

我国高等职业教育的人才培养目标基本定位为技术技能教育，其中把专科高职教育定位为培养大国工匠、能工巧匠、高素质技术技能人才；把本科职业教育定位为培养高素质创新型技术技能人才。[7]总体来讲，我国高职院校人才培养目标和规格设置得比较笼统，不同层次高等职业教育培养目标的差异性不易度量。以某一层次的人才培养目标描述为例，我国高职院校对其的描述通常是“了解/熟悉/掌握……知识”“具备……能力”，但就该层次应该掌握知识的深度、广度，应当具备能力的自主性程度、能力的应用范畴通常描述较少。

英国应用技术大学本科、硕士课程基本定位为以就业为导向的专业教育，以执业能力的培养为基础，同时兼顾学生的学术能力培养。英国高校的人才培养方案在总的培养目标之下，会规定具体的学习成果；且学习成果的描述要与国家或地区资历框架具体等级标准对接，因此培养目标更易观测与评价。

2. 人才培养目标的描述方式不同

对比国内高职院校与英国应用技术大学人才培养目标的描述，以下几点区别应当引起国内高职院校的重视。

一是，英国应用技术大学的专业人才培养方案除了总目标之外，一般还会根据学制描述每一个学年的阶段性人才培养目标。例如，英国罗伯特高登大学（Robert Gordon University，以下简称 RGU）就把四年制荣誉学士学位会计与金融专业的培养目标分四个阶段进行了分别描述，以体现学生知识能力提升的进阶性。这是人才培养目标描述形式上与我国高职院校比较大的差别。目前国内高职院校的人才培养方案，除了设置人才培养的总目标外，横向上从知识、能力、素质三个维度描述了本专业的具体培养要求。但是纵向上，国内高职院校通常不会按照培养年限描述每个学年段的培养目标，因此不能直观体现学生在各学段知识、能力、素质三方面的提升程度。

二是，英国应用技术大学的"学习成果"（Learning Outcomes）与我国高职院校的"培养规格"体现的教学理念不同。两国高校专业人才培养方案细化专业总目标的时候，分别采用了"学习成果"和"培养规格"两个不同的术语，体现了两国教育理念的不同。我国的"人才培养规格"更多的是从供给侧、从学校（教育服务提供商）的角度规定学生毕业后应该达到什么样的知识能力和素质水平。英国的"学习成果"更加突出从需求侧、从学习者（教育服务消费者）的角度提出学生在知识与理解、技能、应用各个方面应该表现出来的水准。"学习成果"更能够体现以"学生为中心"，学生作为学习主体，通过专业的学习与实践，最终获得怎样的成长。近年来，我国职业院校在人才培养方案的调整过程中，也不断接受学习成果导向的教育（Outcome-based Education，简称 OBE）理念，在不少高职院校的人才培养方案中，也出现了学习成果、成果导向、成效导向的描述。

三是，英国高校人才培养目标与资历框架学习成果的对接。英国有高等教育资历框架（Framework for Higher Education Qualifications，简称 FHEQ）、国家职业资历框架（National Vocational Qualifications，NVQs）、苏格兰学分与资历框架（Scottish Credit and Qualifications Framework，简称 SCQF）等五种资历框架，相关教育部门要求所属高校的人才培养目标要对接相应的资历框架。资历框架的结构纵向上由若干等级，横向上由若干标准维度构成。比如苏格兰学分与资历框架纵向上划分为 1～12 个等级，横向上用知识与理解（Knowledge and Understanding），实践：应用知识、技能与理解（Practice：Applied knowledge，skills and understanding），一般认知技能（Generic Cognitive Skills），沟通、计算与信息技术技能（Communication，numeracy and IT skills），自主性、责任感和与他人合作（Autonomy，accountability and working with others）这五个维度来描述相应等级的能力标准。基于所参考的资历框架等级标准，高校制定专业的教学标准。比如位于英国苏格兰的罗伯特高登大学，其四年制本科专业从大一至大四的人才培养目标分别对应 SCQF 的 7～10 级。对应每个阶段的培养目标，分别从上述五个维度描述学习成果的具体要求。比如，该校会计与金融专业荣誉学士学位第一阶段（大一）学习成果对应的是 SCQF 7 级，要求学生在"自主性、责任感和与他人合作方面"能够表现出："在导师适当的指导下，有系统、有针对性地学习；与导师和同学有效互动，参与明确界定的小组活动；展示有效的团队工作所需的技能；通过执行与学科和主题相关的既定任务展示主动性和独立性。"而该专业第四阶段（大四）学习成果对应的是 SCQF 10 级，要求学生在"自主性、责任感和与他人合作方面"能够表现出："在学习小组或专业团队中有效互动；展示适当的谈判、领导作用和团队支持技能，达到高级水平；自信、准确地选择和运用原则和程序来解决一系列专业情况和问题，能够自主地工作”。在此，我们可以看出，就“自主性、责任感和与他人合作方面”这一个指标而言，对学生在大一阶段和大四阶段的学习成果（即培养规格）要求是不同的，大四阶段的要求更高，要求学生自主学习和工作的能力更强，在小组学习和工作中要展现出更有效的互动甚至领导力，要能够解决更广泛的专业问题。

我国目前尚未形成国家层面的资历框架。部分省市试点了资历框架制度改革，但是资历框架等级和标准在高校的应用还处于试点阶段，尚未推广开来。但从国际高等教育与国家或区域资历框架融合发展的趋势来看，我国各级各类教育最后统一到国家资历框架下进行人才培养和培训也是大势所趋。资历框架纵向上按等级，横向上按标准维度，把各级各类的学历、资格统一到资历框架下，实现各级各类学校教育、社会培训、岗位学习等学习成果的认证、比较和转化。如果我国的资历框架能够构建出来并加以应用，高职院校能够把每一个学年安排的课程标准对接国家资历框架的等级标准，将年度的学习成果与资历框架等级证书、文凭、学位挂钩，将更加有利于形成适合学习者需求的人才成长立交桥。

四是，两国高校衡量培养目标及学习成果的标准维度不同。从以上分析中我们也能够看出，苏格兰学分和资历框架及罗伯特高登大学所采用的衡量学习成果的标准维度是五个，我国教育部和高职院校所采用的衡量人才培养规格的标准维度是素质、知识和能力三个。两国高校标准维度的主要区别在于是否包括一般认知能力、自主性责任感和与他人合作等内容，以及如何定义和归类这些要素。此外，考察欧洲资历框架（European Qualifications Framework，EQF）等级标准也是从知识、技能和能力三个维度来描述的。东盟资历参照框架等级通用标准采用知识和技能、应用和责任两个维度来描述[8]。从标准建设管理的角度讲，维度越多，可观测性、可考量性越强，同时管理的复杂度和难度也越大。第二个要考虑的因素是标准维度的目标指向，近年来各国高等教育领域都在研究探索如何使培养的人才能够更好地面对21世纪经济社会发展的要求，因此在高校的人才培养目标当中，综合素质能力、应用协作能力、世界公民、全球意识等内容受到越来越多的关注[9]。

（二）课程体系与课程标准

江小明（2019）等提出：“课程”一般是指体系化、序列化的教学内容与配套的方法，是支撑人才培养方案的基本单元与核心模块。课程需要通过“课程标准”给予阐释并指导实施，“课程标准”是人才培养方案重要的配套性教学文件。为保证人才培养的素质、知识、能力等基本要求，学校需要根据专业类别和特色制定校级层面专业课程的“课程标准”，通常以“课程大纲”形式呈现[10]。中英两国高校课程标准的构成要素基本是一致的，一般包括：课程类别、课程名称、课程代码、学时学分、预修课程、适用专业、开课部门、课程目标（学习成果）、教学内容与要求、教学方法、考核方案、参考书目。而且，都将实验实训实习等实践教学环节统筹纳入课程体系进行设计。但对比分析之后，也发现英国应用技术大学与我国高等职业院校在课程体系和课程标准方面存在以下5点差异：

1. 学时学分计算方法不同

我国高等职业院校三年制总学时一般确定为2500～2800学时。按照每学年900学时计算，每学期为450学时左右，每学期课程门数大约在8～10门。英国应用技术大学每学期的课程门数大约在4门左右，每门课程的学分为15学分，每学期修满60学分，每学分名义学习时长为10个小时，所以每学期的学时为600学时左右。表面上看，英国应用技术大学每学期的学时比中国高职院校的学时要多出将近三分之一，但实际上英国应用技术大学每门课程的学时是包括面授时间和非面授时间的，非面授时间包括学生课外阅读、完成作业、论文和考试的时间。一般来讲，英国应用技术大学面授的时间和学生自学以及考试的时间比例大约在 1∶2。而我国高职院校所计算的学时基本上只包括课内时间或面授时间，而且很多学校都不把考试时间算作课程学时。如果以面授时间来看，中国学生学习时间要比英国学生的学习时间高出一倍多。但是从另一个角度讲，中国高职院校要求学生上课的时间较多，而留给学生课外阅读、作业的时间就比较少。这对于培养学生自主学习能力、探究学习能力、发现和解决问题能力或许是不利的。

2. 学分的价值量不同

我国教育部规定，高职院校一般以 16 ~ 18 学时计为 1 个学分，每门课程的学分为 1 ~ 5 学分不等。而英国应用技术大学是以 10 个学时为 1 个学分，每门课程的学分为 15 ~ 30 个学分不等。加上中英两国高校对学时内涵的界定不同，所以两国高校的学分互认，一般也只能在个案分析的基础上进行，进行专业课程的整体学分互认比较困难。

3. 顶岗实习与配套课程安排不同

与中国高等职业院校一样，英国应用技术大学也十分注重学生就业能力和综合职业能力的培养，因此实习也是他们课程体系的重要组成部分。英国应用技术大学不仅为顶岗实习制定了课程标准，在实习时间上也做了比较灵活的安排。比如，罗伯特高登大学四年制荣誉学士学位会计与金融专业，学生可以选择在第三学年实习一个学期或者实习一个学年。此外，即使学生选择整个学年的企业实习，还是要选修“就业能力”和“审计理论与实务”两门在线课程。如果是第二学期实习的同学，除了修读以上两门课程之外，大三第一学期还要修读“就业法律基础”和“公司治理”等跟企业实习密切相关的课程，来从理论上为学生的实习工作助力。观察中国高职院校人才培养方案，一般大三第六学期全部为实习，很多高职院校从第五学期就开始实习，但很少配套企业实习可能需要的理论课程。另外，我国很多高职院校实习的规范化管理还比较弱，尚未制定明确的实习标准。英国应用技术大学对实习课程标准和对实习期间配套理论在线课程的安排，还是很值得国内高职院校学习的。

4. 国际化课程的安排不同

英国应用技术大学课程的国际化不仅体现在办学理念上，还体现在课程体系上，而且对于国际化课程也制定了学校的课程标准。比如英国罗伯特高登大学会计与金融荣誉学士学位的课程体系在大三安排了海外留学的多个课程模块，包括第一学期海外留学、第二学期海外留学和两个学期均在海外留学三种选择。学生在海外留学期间，对学生在国际合作院校选修课程的内容和考核方案做了相应规定，对同时必须完成的校内课程也做了安排。比较而言，在学生国际化培养方面，英国应用技术大学比我国高职院校的措施更加到位。目前我国高职院校的国际化人才培养工作，在对接合适的国外高校、确认学分互认的办法、输送学生到国外合作院校选修国外大学课程等方面，在渠道建设、专业对接学分互认机制建设方面，还有很长的路要走。

5. 课程模块对学习模式的包容性不同

英国应用技术大学课程体系针对不同来源的学生以及学生的不同选择，设计了不同的学习路线。中国高职院校的人才培养方案一般只针对一类主要群体。教育部相关文件指出：鼓励学校结合实际，制订体现不同学校和不同专业类别特点的专业人才培养方案。对退役军人、下岗职工、农民工和新型职业农民等群体单独编班，在标准不降的前提下，单独编制专业人才培养方案，实行弹性学习时间和多元教学模式。实行中高职贯通培养的专业，结合实际情况灵活制订相应的人才培养方案[11]。而英国应用技术大学在一个专业人才培养方案里，针对不同来源的学生，设计出了不同的学习方案或路径选择。比如罗伯特高登大学会计与金融荣誉学士学位大三的课程就针对本校由大二直接升入大三续读的学生，和从校外直接升入本校大三的学生（比如国际专升本转学过来的学生）设计了不同的课程选项；对于第三学年的课程，学生可以选择两个学期都用来实习、留学，或者一个学期用来实习和留学。比较来看，在一个专业人才培养方案框架下，设计不同的学习选择路径和配套课程安排，在保持课程体系总体稳定的情况下，更容易清晰地看到相同学历资格学生发展的总体水平和不同的成长路径。另外，对于学校的教学管理来讲，成本也是相对比较低的。

（三）考核评价

1. 考核原则

通过对比分析英国应用技术大学的考核原则、考核方法、成绩评定、考核反馈等安排，课题组发现英国高校的考核管理，无论是在人才培养方案、课程标准、学生专业手册，还是在教学考核文件中都会有单独的篇幅来规定考核相关内容，而且在大学的教学管理流程中也有专门的教学考核支持部门，为学生学习考核提供建议和支持服务。从英国高等教育质量保障署（QAA）对专业人才培养方案的定义中，我们也看到英国高校将考核看作是检验和证明实现专业总体目标和学习成果的方法。而且，认为考核方法是教学策略的配套支持措施。既然考核的目的是为了检测学习成果，促进学习成果的达成，那么考核的反馈质量就至关重要，有帮助学生改进学习提高学习表现的激励作用。同时，考核与反馈也能够增加师生之间以及学生之间的交流，让学生充分认识考核评价与改进绩效之间的关系。例如，英国罗伯特高登大学就在其学生专业手册中指出：“考核将遵循学校基本原则，尤其是考核要确保学生达成学习成果、为学生提供及时的反馈、协助指导其未来的学习、激励学生高标准开展工作；提供师生或生生间沟通交流的机会、保持适当的标准”（详见第二章第四部分）。

类似地，我国教育部在《职业院校专业人才培养方案参考格式及有关说明》第八部分“实施保障”中对“学习评价”也做了说明：“对学生学习评价的方式方法提出要求和建议。[12]”这一描述也将高职院校的关注点聚焦到评价的方式方法，而对考核评价原则、考核结果反馈、成绩评定、考核的外部审查等考核管理等方面未给予足够的重视。

2. 课程考核

与我国高职院校相类似，英国应用技术大学的课程考核，一般也采取课程作业、小组汇报演示、课堂测验、闭卷考试、案例分析报告、论文的形式，实习课程的考核由学生所在实习单位的直接主管进行考核。但仔细分析英国应用技术大学的课程标准后，我们发现英国高校对每一个写到课程标准里的学习成果都要进行考核。课程标准当中考核标准部分，通常都要明确规定课程的不同的考核形式对应考核的是哪一个或哪几个学习成果，并提供考核方案、评分标准等信息。例如，罗伯特高等大学会计与金融专业“财务报告与预测”（Financial Reporting and Forecasting）课程的考核由课堂测试（Class test）和闭卷考试（Closed book examination）两种形式，其中课堂测试权重占30%，闭卷考试权重占70%。课堂测试主要检测学习成果1（学生能使用excel电子表格为组织准备详细的财务预测）和学习成果2（学生能分析组织的财务预测，以评估绩效并帮助决策）的实现程度。闭卷考试主要检测学习成果3（学生批判性地讨论财务报告的监管框架和具体的会计准则）和学习成果4（学生进行详细的计算，以证明对相关会计准则的理解和知识）的达成度。同时，课程标准中还会规定课程的成绩标准以及及格分数。该校将课程成绩划分为A、B、C、D、E、F六个等级，并规定每个等级对应的分数段，以及每个部分的最低得分要求。具体情况参见第二章第三部分“财务报告与预测”课程标准考核方案及课程绩效标准。

相比之下，国内很多高职院校目前的课程考核方案还较多停留在出勤、课堂提问、小组作业、案例分析、项目任务、期中或期末考试及各种考核形式成绩占比的水平。而对不同的考核形式，到底要检测学生哪方面的知识和能力目标，又如何检测学生是否达成了这些学习目标，以及达成度如何，缺少深层次的思考与详细的操作说明。例如某高职院校《管理会计课程标准》中课程考核部分仅规定了：课程采取过程考核与结果考核相结合方式，平时成绩占40%，考勤占10%，期末闭卷考试占50%（见表1－1）。

表1－1　某高职院校课程考核方案

考核方式		权重	考核目标
过程考核	考勤	10%	保障出勤率
	课堂表现	20%	提高听课效率，保证听课效果
	随堂作业	20%	加强平时练习，打好基础
	合计	50%	
结果考核	期末考试	50%	基础理论和计算能力

与英国应用技术大学课程考核方案相比，我国高职院校的课程考核方案主要存在以下几点不足：一是考核项目未能充分体现与课程目标的对应关系；二是对打分标准和成绩等级缺少规定。我校在实施高端技术技能人才贯通培养（外培）试验项目时，在与国外大学进行课程比对和学分互认的工作过程中，多所合作院校曾要求我校提供专业课程的考核方案、试卷样本、评分标准等文件，也侧面反映了目前国内高职院校在课程考核方面与国外大学在关注点上存在的差异。

3. 考核管理

国内高职院校考试管理办法，一般包括：考试的组织与领导，试卷，考试安排，成绩录入与管理，考试资格审定，缓考、免修、补考，监考人员职责，巡考，考场守则，考试违纪、作弊认定，违纪处理等内容。这些规定比较偏向于学校的内部管理，比如试卷的审核主要由课程所属二级学院的专任教师、教研室主任、系主任和教学院长，对试卷的内容、难易程度、试卷格式、备用试卷的重复率、题量与考试时长等方面进行审核。再来考查国内高职院校课程标准的考核方案，虽然教学管理部门要求任课教师就课程的考核方式、成绩评定办法及评分标准进行规定，但实际上对考核方式的关注较多，而对考核项目与课程目标及学习成果的对应关系、对成绩评定办法和评分标准关注较少或把关不严。毕业资格的审查作为学校考核管理的一部分，一般是由学校内部的委员会对学生的德育、体育、学业成绩等进行原则性审核，而缺少对专业人才培养目标与培养规格达成度的审核。

与我国高职院校考核管理方法不同，英国应用技术大学对课程考核的管理包括内部审核与外部评审两个方面。以罗伯特高登大学为例，一方面所有课程的考核方案由负责考核的院系进行内部审核；另一方面所有学位课程的考核需提交外部评审员（External Examiners）征求意见。外部评审员是英国高等教育质量保障体系中十分重要的角色，其工作对考核评价过程的各个方面至关重要。校外评审员的职责是确保学校考核评价委员会的客观性、学校颁授的荣誉学位及遵循的教学标准与国家学历学位框架标准的可比性，以及对学生考核评价的公正性。

英国高校会制定专门的成绩分级方案（Grading Scheme），所有课程均按照该方案为学生评定成绩。方案规定所有课程作业及考试试卷均会取样并复核评分以保持评分的一致性；学位课程的学生作业，须由两位导师在互不影响的情况下分别评定分数。所有学位课程的考核样本在把成绩提交给考核评价委员会批准前，要先发给外部评审员征求意见。每门课程的最终成绩由学校考核评价委员会根据学生在每门课程中的综合表现决定。

具体案例参考第二章第四部分罗伯特高登大学会计与金融荣誉学士学位学生专业手册考核评价部分，以及第二章第五部分该专业的教学策略与考核评估。

4. 形成性评价（Formative Assessment）、终结性评价（Summative Assessment）和过程性评价（Process Assessment）

英国华威大学在其官网上对形成性评价（Formative Assessment）和终结性评价（Summative Assessment）做过定义：形成性评价，主要是指那些以培养学生为目的的课程作业，一般不影响学生获得最终学位。教师在学生进行某项可能会影响其学位等级的考核评价之前，可能会要求学生做一些形成性作业、论文或报告，以便向学生反馈学习效果。终结性评价主要是指那些对学生学位的最终结果有影响的考核评价，如随堂测试、小论文、学位论文或演示报告[13]。

我国《教育部关于职业院校专业人才培养方案制订与实施工作的指导意见》指出：改进学习过程管理与评价。严格落实培养目标和培养规格要求，加大过程考核、实践技能考核成绩在课程总成绩中的比重。[14]这里面包含一个新的概念“过程考核（Process Assessment）”，即过程性评价，它与“形成性评价”之间的区别在哪里？潘尖等（2018）认为：形成性评价是在学习过程中的测评，其目的是考察、总结和反思学生阶段性的学习成果，而这个“阶段”可以是一章节、一单元的学习内容或一星期的学习时长。国内外文献对形成性评价的相关研究基本遵循形成性评价“推断学生学习效果的好坏和提供教师适时的教学——学习反馈”的特点。而过程性评价重视引领学生解决实际问题等智能发展的过程性成果，既肯定学生的成绩，又旨在鉴别存在的问题，是一种发展性的评价方式。过程性评价旨在使学生通过评价学会评价，渗透学生整体评价自己的“动机态度、过程、效果”三维过程的思想，最终使学生养成终身学习的习惯[15]。

由于形成性评价、终结性评价和过程性评价的目的、内容、方式、价值取向不同，因此课题组认为，高职院校应该综合考虑合理使用不同的评价手段，实现不同的考核目的。此外，学校还要综合考虑考核项目与教学目标的相关性、考核是否有利于促进学生学习进步、考核频率或形式是否会影响学生的学习体验（比如是否令学生焦虑）、考核是否给教师和教学管理人员带来较大的管理工作负担，等等。

（四）质量保障体系

英国应用技术大学专业教学质量和标准的保障机制主要包括：学校内部的年度专业审核、教育监管部门定期的专业评估、第三方专业机构的认证。比如 RGU 会计与金融专业采用多种机制评估和改善教学及评价的质量和标准，包括：（1）每年都会对专业人才培养方案进行评估，经专业管理团队及学院学术委员会审核及批准；（2）由机构主导的学科评估，包括外部专家组成员，每六年对学科教学的主要内容做一次正式审查，然后在第三年进行中期审查，以监督在审查过程中提出的行动进展或问题的整改情况；（3）外部评审员年度报告；（4）与行业或专业联络小组持续保持联络沟通；（5）该学位通过了苏格兰特许会计师协会的完全认证，并获得特许注册会计师协会、特许管理会计师协会和国际会计师协会的考试豁免，这些专业机构的要求和标准构成本学位的基础；（6）成立多个负责监督和评估教学质量和标准的正式委员会，比如教师/学生联络委员会、专业/项目管理团队、学院学术委员会、考核委员会、质量保证和促进委员会。

我国高等职业学校的质量保障体系主要是由教学基本条件和质量管理两个方面构成的。我国《高等职业学校专业教学标准》列出的教学基本条件有师资队伍、教学设施、教学资源 3 个要素。“师资队伍”是专业设置的先决条件，是保障教学质量的首要因素。“教学设施”保障了高职教育理实一体化、项目制、任务制教学改革的实施和高职人才技术技能培养的实现。“教学资源”建设与利用的实时性、动态性、广泛性、前沿性则是对高职教育教学与行业企业发展的前沿技术、管理模式有效衔接的保障。在质量保障方面，主要包括教学过程质量监控机制、教学管理机制、毕业生跟踪反馈及社会评价机制、持续改进机制等要素[16]。比如，《高等职业学校会计专业教学标准（2019 年版）》从专业建设和教学质量诊断改进机制、教学管理机制、毕业生跟踪反馈机制、社会评价机制、专业教研组织持续改进机制等方面，对专业人才培养质量保障进行了基本规定：“1. 学校和二级学院应建立专业建设和教学质量诊断与改进机制，健全专业教学质量监控管理制度，完善课堂教学、教学评价、实习实训、毕业设计以及专业调研、人才培养方案更新、资源建设等方面质量标准建设，通过教学实施、过程监控、质量评价和持续改进，达成人才培养规格。2. 学校和二级学院应完善教学管理机制，加强日常教学组织运行与管理，定期开展课程建设水平和教学质量诊断与改进，建立健全巡课、听课、评教、评学等制度，建立与企业联动的实践教学环节督导制度，严明教学纪律，强化教学组织功能，定期开展公开课、示范课等教研活动。3. 学校应建立毕业生跟踪反馈机制及社会评价机制，并对生源情况、在校生学业水平、毕业生就业情况等进行分析，定期评价人才培养质量和培养目标达成情况。4. 专业教研组织充分利用评价分析结果有效改进专业教学，持续提高人才培养质量。”[17]

对比中英两国高校对专业教学质量标准的保障机制，我们可以发现，国内高职院校专业教学标准的质量保障体系更侧重学校内部的管理与控制；而英国的质量保障体系，除了学校内部的专业审核之外，对外部的专业评估和第三方专业认证也很重视，突出教育行政部门的监管的强制性和第三方评估的公正性与专业性。

四、思考与结论

2014 年《国务院关于加快发展现代职业教育的决定》提出：积极参与制定职业教育国际标准，开发与国际先进标准对接的专业标准和课程体系。2019 年《国家职业教育改革实施方案》明确了职业教育与普通教育是两种不同教育类型，提出建成具有国际先进水平的中国职业教育标准体系，将标准建设作为深化职业教育改革的突破口，发挥标准在职业教育质量提升方面的基础作用。《教育部 财政部关于实施中国特色高水平高职学校和专业建设计划的意见》（教职成〔2019〕5 号）提出：加强与职业教育发达国家的交流合作，引进优质职业教育资源，参与制定职业教育国际标准，开发国际通用的专业标准和课程体系，推出一批具有国际影响的高质量专业标准、课程标准、教学资源，打造中国职业教育国际品牌。国家职业教育改革的系列文件都特别突出了专业标准和课程标准建设的基础性和重要性，也为高职院校专业和课程建设指明了改革的方向和工作举措的着力点。高职院校国际化的核心是专业的国际化。专业国际化的核心是专业标准的国际化。专业标准的国际化就是专业标准要体现出国际通用性和国际先进性。专业标准的国际通用性就是要与国际接轨，在职业教育理念、人才培养模式、课程设置、教学方法、考核评价等方面体现出与国际发展趋势的一致性，就是相同层级的教育培训课程，要能够与国际同类院校同等水平的课程产生接近的学习成果。国际通用性是衡量国内高职院校教学质量是否达到国际标准的重要指标，是国内高职院校能否与国际同行在通用的话语体系里进行对话与合作的前提。专业标准的国际先进性，就是在对接国际通用标准的基础上，在某些行业或专业领域，院校能够发挥自身资源优势把学校办出特色和水平，在国际高等职业教育市场体现我国产业发展和职业教育改革的双重竞争优势，使某些职业教育专业建设水平位于世界前列。中国高职院校打造国际通用和国际领先的专业标准或许是建设国际品质、世界水平的“双高”院校的一条可行路径。为此，课题组提出以下五个方面的策略，提升我国高职院校的专业与课程建设水平。

（一）立足中国实际，参照国际资历框架标准，开发中国国家资历框架

综合欧洲、澳大利亚、东盟、英国、美国等区域或国家资历框架开发及应用情况，我们发现世界各国高等院校，包括高等职业院校，通行的做法是参照国家资历框架标准，来确定专业人才培养的学习成果，并基于学习成果开发课程并进行考核。更进一步，通过国际性区域资历框架，实现国家间的学历及资格互认。鉴于此，也基于国内对国家资历框架研究开发的总体规划，建议国家相关部门，尤其是职业院校，积极参加与本校办学专业密切相关的行业能力标准的开发，参照国际资历框架标准和国际最新发展趋势，加强校内专业人才培养目标定位的研究、优化课程体系结构和内容。建议国家相关部门尽早出台适应我国国情的国家资历框架体系，建设学分银行，为学习者搭建纵向贯通横向融通的学习成长“立交桥”，为高校完善教育教学质量保障体系提供参考框架。

（二）对接资历框架等级标准，制定年度人才培养目标，配置模块化学分制课程

有了国家资历框架之后，各级各类教育机构就可以基于国家资历框架等级标准，制定相应层次的专业学习成果标准或人才培养目标，以适应社会不同人群对高等职业教育更大灵活性和更强包容性的需求。高等职业教育不仅要面向适龄的高中毕业生或者具有同等学力的青年，还要向在职在岗需要技能提升的社会人员，甚至退休的老年人群开放，而且要能够满足不同学习者对学习时长的不同需求。从结果上，就是学习者在完成不同模块组合的课程学习之后可以获得基于资历框架不同等级的证书、文凭以及学位证书。在这方面，一些国家已经积累了比较成熟的经验，比如英国，中央兰开夏大学（University of Central Lancashire，UCLan）就为在职人员开发了数字营销学位学徒制课程（见表 1－2）。在这个课程体系中，学习者修读合格 120 学分对应高等教育资历框架四级或四级以上的课程，就可以获得高等教育的四级证书；完成 100 学分五级或五级以上的课程，累计完成 240 学分，就可以获得专业高等教育文凭；累计完成 320 学分，其中五级或五级以上课程学分不少于 180 学分，六级课程不少于 40 学分，即可获

得学士学位；累计完成360学分，其中五级或五级以上课程学分不少于220学分，六级课程100学分，即可获得荣誉学士学位。学习这个模块化、学分制课程的学生不是普通招生的本科生，而是已经在企业工作的在职人员。学徒的目标是拿到学士学位或荣誉学士学位，在完成相应等级的课程学分之后，都可以参照资历框架标准兑换不同的学历证书。

表1－2　英国中央兰开夏大学学位学徒制数字营销专业课程设置与资历证书

Level 等级	Module Code 课程编码	Module Title 课程名称	Credit Rating 学分	Awards 学历证书
Level 6 六级	MK3501	Marketing Strategy 营销策略	20	**BA（Hons）Digital Marketing** Requires 360 credits including a minimum of 220 at Level 5 or above and 100 at Level 6 **数字营销荣誉学士学位**：要求完成360学分，其中五级或五级以上课程学分不少于220学分，六级课程学分不少于100学分 **BA Digital Marketing** Requires 320 credits including a minimum of 180 at Level 5 or above and 40 at Level 6 **数字营销学士学位**：要求完成320学分，其中五级或五级以上课程学分不少于180学分，六级课程学分不少于40学分
	MK3502	Data Analysis and Relationship Management 数据分析与关系管理	20	
	MK3503	Social Media Marketing and Optimisation 社交媒体营销与优化	20	
	MK3504	Contemporary Digital Markets 当代数字市场	20	
	MK3505	战略数字营销项目 Strategic Digital Marketing Project	40	
Level 5 五级	MK2501	Marketing Management 营销管理	20	**Diploma of Higher Education in Digital Marketing** Requires 240 credits including a minimum of 100 at Level 5 or above **数字营销专业高等教育文凭** 要求完成240学分，其中五级或五级以上课程学分不少于100学分
	MK2502	Digital Design for Marketers 营销人员数字设计	20	
	MK2503	Regulation Ethics and Trust 法规伦理与信任	20	
	MK2504	Market Research and Consumer Insight 市场调查与消费者洞察	20	
	MK2505	Applied Digital Marketing Project 数字营销应用项目	40	
Level 4 四级	MK1501	Marketing Principles 市场营销原理	20	**Certificate of Higher Education** Requires 120 credits at Level 4 or above **高等教育证书** 要求完成四级或四级以上课程学分120学分
	MK1502	Digital Marketing Platforms 数字营销平台	20	
	MK1503	Digital Behaviours 数字行为	20	
	MK1504	Social Media Communications 社交媒体沟通	20	
	MK1505	Introductory Digital Marketing Project 数字营销入门项目	40	

资料来源：https：//www. uclan. ac. uk/degree-apprenticeships/courses/digital-marketing-ba.

表1－2是英国应用技术大学模块化、学分制课程与国家资历框架衔接的生动实例，是职业教育开放性、灵活性的生动体现。我国的高职院校及教育行政部门，可以参考借鉴国际先进经验，在增强职业教育开放性、灵活性、包容性方面大胆尝试，让职业教育更好地服务于社会职业技能提升、职业可持续发展需要。

（三）参照国际标准，开展国际专业标准评估认证，制度化国内高职院校专业评估

开展“国际专业标准评估认证”，可以较为直接和快速实现我国高职院校与国际标准对接，通过国际评估认证判断我国高职院校专业人才培养方案的核心要素与国际上同等级别的高等教育专业标准的可

比性，识别出我们在哪些标准维度上存在薄弱环节，进而建立完善相关教育教学质量保障机制。目前，不少高职院校参照《华盛顿协议》《悉尼协议》开展专业教学标准建设和质量保障体系建设，近两年也有院校参加英国国家学历学位评估认证中心（The National Recognition Information Centre for the United Kingdom，UK NARIC）的国际专业标准评估认证，商科院校也有参照美国商学院联盟的商学院与商科专业认证（Accreditation Council for Business Schools and Programs，ACBSP），参照世界旅游组织教育质量（UNWTO TedQual）开展旅游专业评估认证。除了参加国际专业标准评估认证之外，各级教育行政部门也要逐步完善国内高职院校专业评估标准体系，由专门机构面向全体高职院校开展专业评估认证，监督审查高职院校教育教学质量和教育教学管理水平。

（四）学习成果导向，加强高职院校课程体系建设，加强考核评价环节监督管理

借鉴国际经验，以学习成果为导向，加强专业课程的体系建设，尤其是顶岗实习课程和国际化课程的设计。完善考核评价的各项制度，规范教师、二级学院、教学管理部门的工作职责和工作范围，重视向学生反馈学业考核结果对教学过程中的反馈作用，实现学习成果、教学、评价、反馈形成完整的闭环；重点加强对考核评价环节的监督与管理，建议引入校外评审机制负责监督教学的质量与标准得到遵循，增强对学生学业成绩考核和毕业资格审核结果的分析与应用。

（五）加强制度建设，狠抓机制运行，完善高职院校质量保障体系

这里需要强调的是，高职院校教育教学质量保障与控制，突出的是学校在相关领域的政策、体制、机制能够保障招生录取政策公开一致、专业设置适应经济社会发展需要、教学条件充分资源充足、考核公正有效可靠、公共信息准确透明清晰，这五个方面是保障院校高质量人才培养的基本框架。以文件规范的形式明确质量保障的环节与要素是高职院校质量保障体系建设的基础。但就学校内部质量保障体系运行来讲，梳理高职院校各个部门，以及不同部门之间如何协同作用，使学校人才培养质量保障机制有效运行，才是建设的重点。综合起来，就是要完善高等职业院校教育教学质量保障体制机制建设，学校治理体系和治理能力建设是新时代高职院校改革创新的关键领域。

2020 年我校与英国国家学历学位评估认证中心（UK NARIC）合作，开展会计、金融管理两个专业的国际专业标准评估认证（Qualifications Benchmarking）工作。其中，UK NARIC 认为必须考虑质量保障与控制机制，以监督和支持专业开发、教学实施与考核评价，并将招生录取（Admission），专业设置、备案审批、监督审查（Program Development，Approval，Monitoring and Review），教与学（Teaching and Learning），考核评价（Assessment），信息管理（Information Management）五个方面作为其国际专业评估认证等级框架的基础[18]。这五个方面所包含的具体内容分述如下：

1. 招生录取

UK NARIC 把招生录取作为专业建设的首个评估指标，这个与我国大部分高职院校的实践还是有较大不同的，国内高职院校的教学质量诊断和改进工作通常都是从学生入学之后开始的。但实际上，各高校招生录取的条件，比如专业主要生源的总体水平、招生录取线的水平，一定程度上能够体现学生在开始专业学习之前的质量水平。因此，学校的招生录取政策和实际做法如何保障专业学生的入学起点处在一个较好的水平，就变得很关键。一所高水平的大学，之所以能够长久维持高质量的人才培养，通常与

其招收的学生的入学水平就高是密不可分的，它们通常能够从全国高考考生中选择录取那些考分高的学生。而有些地区的高职院校，其高考统招生所占比例和录取线都很低，其主要生源来自地方的技校、职业高中、中等专业学校所谓的“三校生”，有一些院校由于招生困难甚至都不需要考试，学生注册就能入学。这样的招生政策和生源结构实际，基本上就决定了学生的入学水平总体来讲比较低。

2. 专业设置、备案审批、监督审查

这个标准主要考察学校是否有制度规定专业设置与调整的程序、专业设置的备案审批程序、专业设置调整的监督审查程序，确保既定人才培养目标的实现。如果学校有完备的专业设置调整的规章制度，以及对专业人才培养方案进行年度审查和定期审核的机制与程序，可使得人才培养方案能够与经济社会发展及技术进步相适应，有效保障专业教学内容的先进性和适应性。通过行业企业调研、毕业生跟踪调查、学生满意度调查等方式，不断改进专业的培养目标、课程体系、考核评价方式等，确保既定人才培养目标的实现。

3. 教与学

与我国一样，英国的高校也把教师的资格水平视为教学质量保障的首要条件。因此有关教学方面的质量保障措施首先考察的就是学校关于教职工招聘政策和程序、对教职工经验和资格的要求、教职工考核政策和程序、教职工继续教育与专业发展计划，与学校总体发展战略是不是相匹配，是否支持学校教育教学的主要原则和目标。其次，考察学校的教学设施和教学资源，如教室、实训室、图书馆、信息技术、学习技术、技术装备的情况是否支撑学校的专业人才培养目标的实现。第三，学校是否有引导有效教学方法的制度或实践做法，以体现师生、生生互动以及实践能力的培养。第四，有对学生的学习成果进行分析的机制，包括对学生课程层面成绩和毕业成绩水平的分析，以此来判断课程和专业人才的培养质量和水平。第五，是否有学生和教师反馈意见的体制机制，确保学与教的主体或当事人有畅通的渠道和安全的机制反映相关的意见和建议，进而改进教学质量。这里一般涉及学校教学督导与评价中心、学生处、教务处的职能。最后，学校要有体制机制确保学校的资源规划与学校的愿景使命和总体战略相匹配。对目前国内高职院校教学质量保障体系的建设，以上六条是非常有针对性的参考点。

4. 考核评价

考核环节的质量保障，重点是依据考核标准能够对专业人才培养目标和课程目标中列明的知识、能力和素质进行公正、有效、可靠的评价。重点考察学校是否有关于考核评价的具体政策、程序，确保学校的考核方式方法与专业目标和课程目标是相适应的，与专业人才培养模式和课程教学方法策略是匹配的，有利于检测专业人才培养目标的实现程度。此外，考核方案、成绩判定的公正性、可靠性，也是考核评价质量的重要指标。因此，是否有外部人员参与考核方案的制定审定，对学生作业、试卷、表现是否由不同的人打分，是否有允许学生复议考试成绩的程序，是否有行业企业、专业机构参与的考核评价，也是多元考核评价的重要考量因素。

5. 信息管理

本指标主要是考察学校是否有相应的政策或程序，能够保证向潜在的报考生、在校生、校友、家长和其他感兴趣的利益相关者提供准确、透明、清晰的信息。这个指标主要检测学校制定与监控公共信息的政策是否完善，是否能公开提供学校简介、招生宣传材料、专业宣传资料、专业人才培养方案、学生手册等公共信息。

以上五个方面，是英国国家学历学位评估认证中心国际专业标准评估认证的重要质量标准，基本上涵盖了一所大学人才培养过程的各个环节和教育教学的各个方面，是比较全面的质量保障体系。而且这些标准的参照点也非常具体，具有很强的针对性和可操作性，是可以把我国教育部《高等职业学校专业教学标准》当中的质量保障要求落实到学校具体职能部门和具体的工作环节中来的。

第二章

英国罗伯特高登大学专业教学标准

［本章导读］

为了方便读者对照理解，同时也为了提高国内高职院校专业教师的英语水平，本章原文展示了位于英国苏格兰的罗伯特高登大学（Robert Gordon University，以下简称 RGU）四年制会计与金融专业的人才培养方案、专业教学计划、核心课程标准、学生专业手册、教学与考核等专业标准文件，以便读者能够直接领会国外大学专业的标准内涵，比较分析中英高等职业教育人才培养方案核心要素描述方式的不同。同时为了方便国内高职院校同仁理解，本章也对应地提供了中文翻译。

本章第一部分为 RGU 人才培养方案。读者可以观察到该校对培养目标和学习成果的描述特征，一是分阶段表述，分别描述了第一阶段（大一）至第四阶段（大四）学生达成的总体目标和具体要求；二是每个阶段的学习成果要求分别对应苏格兰学分与资历框架（Scottish Credit and Qualifications Framework，SCQF）7～10 级，建立起了高等教育学习成果与区域资历框架对接的桥梁。本书附录 1 列出了苏格兰学分与资历框架的特征描述以及 7～10 级的等级标准，希望读者可以建立起高等教育不同学段人才培养的规格如何与资历框架等级标准进行衔接的概念，尤其是要关注不同学段之间学习成果的进阶是如何描述的。

本章第二部分为 RGU 专业教学计划。一是请读者关注英国高校每个学期课程门数的安排，通常为 3～4 门课程；二是关注第三阶段（大三）实习课程与海外研修课程的多路径安排，为学生的学习提供了多样的选择方案，为因材施教理念落地提供了很好的范例。

本章第三部分为 RGU 会计与金融专业的 6 门课程标准。其中，“财务会计”和“财务管理”对应的是 SCQF 七级，“财务报告与预测”对应的是 SCQF 八级，“实习”与“海外学习”对应的是 SCQF 九级，“个人与企业税务”对应的是 SCQF 十级。希望读者能够对照本章第一部分每个学段的培养目标与学习成果，分析各门课程是如何将人才培养方案的目标与学习成果要求落实到专业课程中去的。就每一门课程标准而言，希望读者能够将课程的学习成果、课程内容、考核方案、成绩等级标准联系起来分析，体会课程内容的安排是如何支撑学习成果的达成的，以及考核方式是如何检测学习成果是否达成的。此外，就每一种考核方式而言，其在课程总成绩中所占的比重以及每一个部分及格成绩的最低得分标准，在课程标准中都要做详细的规定，这也是保证课程教学质量的重要组成部分。

一、RGU 会计与金融专业人才培养方案

Bachelor of Arts with Honours [BA (Hons)] Accounting and Finance

会计与金融专业荣誉学士学位 [荣誉文学士]

INTRODUCTION TO THE COURSE

(一) 专业简介

This course has been designed to give students a headstart in a career in accounting and finance by developing the academic knowledge and understanding, practical skills and broader abilities needed for a successful career. Established links with professional accounting bodies and employers ensure the course is relevant for today's accounting profession.

本专业旨在培养学生学术知识与理解、实践技能和职场成功所需的综合能力，为学生进入会计和金融领域的职场起好步。学校与专业会计机构和雇主建立联系，确保专业教学内容与当今的会计职业发展相适应。

In addition to key accounting and finance modules students will also undertake a range of management modules which will equip them with a knowledge and understanding of the nature and context of business.

除会计和金融核心课程外，学生还将学习一系列管理课程，使他们了解和理解商业的本质和背景。

Our unique placement opportunity provides real life experience and, in some cases, may enable students to qualify as a Chartered Accountant with the Institute of Chartered Accountants of Scotland faster than other Accounting and Finance graduates.

学校独特的顶岗实习机会为学生提供了现实经验，在某些情况下，能够使学生比其他学校会计与金融专业毕业生更快地获得苏格兰特许会计师协会的特许会计师资格。

EDUCATIONAL AIMS OF THE COURSE

(二) 专业人才培养目标

The course specific aims, which are consistent with the University's statement of purpose, are to:

与本大学宗旨相一致，本专业具体的人才培养目标是：

- Facilitate the professional development of the student and lay the foundations for a successful career in Accounting and Finance.

促进学生的专业发展，为在会计和金融领域事业成功奠定基础。

- Promote accountability and the need for individuals to act ethically in the business environment.

促进**责任感**和个人在商业环境中的**道德行为**。

- Encourage the development of wider process skills such as written and oral communications skills, IT skills, problem solving and team working skills.

鼓励发展更广泛的**流程性技能**，如书面和口头沟通技能、IT 技能、解决问题的技能和团队工作技能。

- Encourage the development of an enquiring, analytical, open minded and creative approach and foster independent judgement, critical self awareness, ability to reflect, and an appreciation of the wider context of the course of study.

鼓励培养探究性、分析性、开放性和创造性的**方法**，培养**独立判断**、**批判性自我意识**、**反思能力和对所学专业更广泛背景的理解**。

- Generate a deep interest in, and enthusiasm for business such that students and graduates are motivated to continually update their knowledge and understanding within the context of a rapidly changing political, social and economic environment.

对商业产生浓厚的兴趣和热情，使学生和毕业生在迅速变化的政治、社会和经济环境中不断更新他们的知识和理解。

Aims of Stage 1

1. 第一阶段（大一）目标

Stage 1 aims to enable the student to develop a basic knowledge and understanding of the core business disciplines of accounting, finance, economics, management and law. Students will have the skills to perform a basic analysis of the business environment and assess the interaction of these disciplines, draw appropriate conclusions and effectively communicate the results using written, oral and graphical means. Students will develop the basic knowledge and understanding of the academic, technical and professional elements of core business disciplines.

第一阶段（大一）旨在培养学生对会计、金融、经济学、管理和法律等商业核心学科的基本知识和理解。学生将具备对商业环境进行基本分析的技能，并评估这些学科之间的相互作用，得出适当的结论并使用书面、口头和图形等手段对结果进行有效的沟通。培养学生对商业核心学科的学术、技术和专业要素**具备基本知识和理解**。

Aims of Stage 2

2. 第二阶段（大二）目标

Stage 2 aims to further develop knowledge and understanding of the core academic, technical, legal and professional elements in the fields of financial accounting, management accounting, business finance and law and to develop knowledge and skills in data analytics and entrepreneurship. Students will work competently and confidently within their chosen field of accounting and finance; develop an awareness of the political, social and economic environment influencing accountancy and develop critical awareness and communication skills.

第二阶段（大二）旨在进一步培养学生**在财务会计**、**管理会计**、**企业财务**、**法律等领域**学术、技术、法律和专业方面的核心要素的知识和理解；培养学生**数据分析及创业方面的知识和技能**。学生在其选定的会计和金融领域中**能够胜任工作并且自信地工作**；培养学生对影响会计工作的政治、社会和经济环境的**意识**，并培养其**批判意识和沟通技巧**。

Aims of Stage 3（Placement Route）

3. 第三阶段（大三）目标（实习路线）

This Stage 3 route aims to enable the student to apply their knowledge and understanding of business disciplines and personal transferable skills in an accounting and finance environment. The student can demonstrate technical and learning skills, staff relations skills, planning and organisational skills, personal and professional skills and communication skills; recognise their own strengths and weaknesses as a potential accountant; develop an understanding of the organization in which they are placed and critically evaluate the factors which affect its performance; and can apply the theories, models, concepts and principles which they learned in Stage 1 and 2 to the workplace.

第三阶（大三）段实习课程旨在培养学生在会计和金融环境中运用他们对商业学科的知识和理解以及个人可迁移技能。学生能够展示其**技术和学习技能、员工关系技能、计划和组织技能、个人和专业技能以及沟通技能**；认识到自己作为潜在会计师的优势和劣势；**了解他们实习所在的组织，批判性地评估影响组织绩效的因素**；能够将他们在第一阶段（大一）和第二阶段（大二）**所学到的理论、模型、概念和原理应用于工作场所**。

Aims of Stage 3（Taught Routes）

4. 第三阶段（大三）目标（教学路线）

The aim for students who undertake a taught route in Stage 3 is to further develop their knowledge and understanding by studying areas relevant to accounting and business; to develop a facility for critical thought, problem solving and independent learning; to develop and to demonstrate an enquiring, analytical and creative approach to the subject areas studied. The student will also have the opportunity to develop key employability skills such as team working, presentation, communication, leadership and problem solving. For students who have progressed from Stage 2 of the course an opportunity to study abroad with a partner University for both semesters may be available.

为第三阶段（大三）选择教学路线的学生制定的目标是通过研究**会计和商业相关领域，进一步培养学生的知识和理解；培养批判性思维、解决问题和独立学习的能力**；培养和展示**所研究学科领域的探究性、分析性和创造性的方法**。学生还将有机会**发展关键的就业技能**，如团队合作、演讲、沟通、领导力和解决问题的能力。对于本专业从第二阶段（大二）课程升上来的学生，有机会到海外合作大学留学两个学期。

Aims of Stage 4

5. 第四阶段（大四）目标

Stage 4 aims to enable students to demonstrate a further depth of expertise and detailed knowledge of areas relevant to a career in accounting and finance; further develop an ability to analyse and critically appraise problems; demonstrate an adaptability for future employment in the accounting profession and industry and demonstrate an ability to undertake research and extended self study.

第四阶（大四）段的目标是使学生展现他们在会计和金融职场相关领域**具备深厚的专业经验和具**

体知识；进一步培养**分析问题和批判性评估问题的能力**；展示对未来会计专业和行业**的就业适应能力**，并证明有**进行研究和拓展自学**的能力。

LEARNING OUTCOMES

（三）学习成果

SCQF Level 7 Stage 1

1. 苏格兰学分与资历框架 7 级　第一阶段（大一）

Knowledge and Understanding：

知识与理解

A1 Gain the fundamental knowledge and techniques that underpin finance, financial accounting and management accounting.

A1 掌握金融、财务会计和管理会计的基本知识和技巧

A2 Develop an understanding of the fundamentals of business economics, ethics, business law and human resource management.

A2 了解商业经济学、伦理学、商法和人力资源管理的基本原理

A3 Understand how to retrieve and evaluate information from a range of sources.

A3 了解如何从各种来源检索和评估信息

Practice：*Applied knowledge*，*skills and understanding*：

实践：应用知识、技能与理解

B1 Demonstrate a working application of the fundamentals of accounting and finance to standard basic scenarios.

B1 展示出会计和金融基础知识在标准的基本工作场景中的应用

B2 Demonstrate a basic knowledge and understanding of the business environment and ways in which the core business disciplines interact and draw appropriate conclusions.

B2 展示出对商业环境和商业核心学科交互方式的基本知识和理解，并得出适当的结论

B3 Apply basic management tools and methods to simple, standard problems.

B3 应用基本的管理工具和方法，解决简单、标准的问题

Generic cognitive skills：

一般认知技能

C1 Reflect on learning and practice, and identify ways to further facilitate personal development during the period of study and beyond.

C1 反思学习和实践，找出在学习期间和以后进一步促进个人发展的方法

C2 Demonstrate an ability to present and evaluate arguments, ideas and information within the field of accounting and finance.

C2 具备展示和评估会计和金融领域的论据、观点和信息的能力

C3 Systematically relate a limited number of facts/ideas/elements within the context of the business environment.

C3 能够系统地将有限数量的事实/想法/要素与商业环境关联起来

C4 Start to form own value judgements based on criteria provided.

C4 根据提供的标准初步形成自己的价值判断

Communication, numeracy and IT skills

沟通、计算与信息技术技能

D1 Communicate in a clear and concise way, in writing and orally, in relatively informal and limited length pieces of work.

D1 用书面和口头、相对非正式和有限篇幅，进行清晰简洁的交流

D2 Demonstrate numeracy skills and ability to manipulate data at a level appropriate to an introduction to accounting and finance. At this level students will be able to undertake basic accounting calculations in the context of financial and managerial accounting and business economics.

D2 展示与会计和金融入门水平相匹配的计算能力和数据处理能力。在这一级别，学生将能够进行财务会计、管理会计和商业经济学背景下基本的会计核算。

D3 Produce clear, accurate communication, appropriate to purpose and target audience.

D3 根据沟通目的和目标受众，进行清晰、精准的沟通

D4 Demonstrate ability to use basic IT skills for presentation, communication and numerical application.

D4 能够运用基本的信息技术进行演示、沟通和数值应用

Autonomy, accountability and working with others:

自主性、责任感和与他人合作

E1 Study in a systematic, directed way with the aid of appropriate tutor guidance.

E1 **在导师适当的指导下**，系统地、有针对性地学习

E2 Interact effectively with tutors and fellow students and participate in clearly defined group situations.

E2 与导师和同学**有效互动，参与明确界定的小组活动**

E3 Demonstrate the skills necessary for effective group work.

E3 展示有效团队工作所必需的技能

E4 Demonstrate initiative and independence by carrying out set tasks relevant to subject and topic.

E4 通过执行与学科和主题相关的既定任务展示**主动性和独立性**

SCQF Level 8 Stage 2

2. 苏格兰学分与资历框架 8 级　第二阶段（大二）

Knowledge and understanding:

知识与理解

A1 Demonstrate a widening appreciation of the scope and significance of the principles and professional requirements of financial and management accounting.

A1 对财务会计和管理会计的原则和专业要求的范围与意义有更广泛的认识

A2 Demonstrate a widening understanding of the structures and principles sustaining the operational functions of the organisation and the management of data.

A2 对维持组织运营职能和数据管理的结构与原则有更广泛的理解

A3 Demonstrate a widening appreciation of business finance, business law and entrepreneurship.

A3 对企业财务、商法和企业家精神有更广泛的了解

Practice: Applied knowledge, skills and understanding:

实践：应用知识、技能与理解

B1 Apply standard principles and procedures to more complex issues in accounting and finance.

B1 将标准原则和程序应用于解决更复杂的会计和财务问题

B2 Use appropriate tools for decision making through a broad understanding of business issues.

B2 通过对业务问题的广泛理解，使用恰当的工具进行决策

B3 Develop skills to perform in a professional manner in a financial environment.

B3 培养在财务环境中以专业方式进行表现的技能

Generic cognitive skills:

一般认知技能

C1 Demonstrate increasing ability to apply classifications and analyse relatively simple situations.

C1 应用分类和分析相对简单情况的能力不断提高

C2 Demonstrate appreciation of need for the relating and marshalling of a range of facts/ideas/elements in an argued case.

C2 能够理解在有争议的案例中联系和整理一系列事实/想法/要素的必要性

C3 Develop ability to form independent judgements.

C3 培养独立判断的能力

C4 Undertake critical analysis and evaluation of issues within accounting and finance.

C4 对会计和金融问题进行批判性分析和评估

C5 Analyse issues and events in the global business environment.

C5 分析全球商业问题和事件

Communication, numeracy and IT skills:

沟通、计算与信息技术技能

D1 Communicate in a clear, systematic and concise way, in formal academic and professional styles.

D1 以正式的、学术的和专业的风格，进行清晰、系统和简洁的交流

D2 Apply more complex numerical and mathematical skills appropriate to financial accounting and management accounting. Students will be able to undertake advanced statistical techniques and calculations in a financial, managerial and business finance context.

D2 能够运用适合于财务会计和管理会计的更为复杂的数字和数学技能。学生将能够在财务、管理和企业融资背景下开展高级的统计和计算工作

D3 Convey complex information to a range of audiences within a range of accounting and business related contexts.

D3 在不同会计和商业相关的背景下，向不同的受众传达复杂的信息

D4 Access and use spreadsheets and data visualisation tools and apply these to basic data sets.

D4 访问和使用电子表格和数据可视化工具，并将这些电子表格和可视化工具应用于构建基本数据集。

Autonomy，accountability and working with others：

自主性、责任感和与他人合作

E1 Learn in an increasingly effective and purposeful way，with beginnings of development as an autonomous learner.

E1 以一种越来越有效和有目的的方式学习，开始培养自主学习能力

E2 Exercise autonomy and initiative in completing tasks within financial，management and business accounting.

E2 在完成财务会计、管理会计和企业会计方面的任务时，具有自主性和主动性

E3 Demonstrate more advanced and effective preparation for individual and group tasks.

E3 为个人和小组任务进行较为提前和有效的准备。

SCQF Level 9 Stage 3 Taught Route

3. 苏格兰学分与资历框架 9 级　第三阶段（大三）教学路线

Knowledge and understanding：

知识与理解

A1 Show confident familiarity with the scope and defining features of accounting and finance.

A1 熟悉会计与金融的范畴及其定义特征

A2 Demonstrate a widening appreciation of the significance of central and peripheral areas of management，law and economics.

A2 对管理、法律和经济学的核心领域和外围领域的意义有更广泛的理解

A3 Understand how to implement organisational strategy through people，projects，processes and relationships.

A3 理解如何通过人员、项目、流程和关系来实施组织战略

A4 Demonstrate knowledge of the scope of company legislation relating to auditing and regulation of the auditing profession.

A4 了解公司章程中与审计及审计监管相关的内容

Practice：Applied knowledge，skills and understanding：

实践：应用知识、技能与理解

B1 Demonstrate ability to select and use principles and procedures appropriate to the situation or problem in hand within the field of accounting，finance and business.

B1 在会计、金融和商业领域，能够选择和应用适合当前形势或问题的原则和程序

B2 Critically appraise the external and internal factors influencing accounting and finance.

B2 批判性地评价影响会计和金融的外部因素和内部因素

B3 Display knowledge and understanding of the academic and professional elements of the course in the context of more complex management issues.

B3 在处理更复杂的管理问题时，展示对本专业学术和专业要素的知识和理解

B4 Develop a holistic approach to managing organisations from external and internal perspectives.

B4 从外部和内部角度制定一套系统的、整体的组织管理方法

Generic cognitive skills：

一般认知技能

C1 Recognise familiar ideas or principles in new contexts or situations；analyse systematically and effectively with minimal guidance.

C1 在新环境、新形势下，能够识别出熟悉的思想或原则；在最少的指导下进行系统的、有效的分析

C2 Show ability to relate and marshal facts/ideas/elements in an argued case.

C2 在有争议的案例中表现出联系和整理事实/想法/要素的能力

C3 Identify a range of valid alternative solutions；begin to discriminate and evaluate in a reasoned，systematic and increasingly independent way.

C3 确定一系列有效的替代方案；开始以一种理性的、系统的和日益独立的方式进行鉴别和评估

Communication，numeracy and IT skills：

沟通、计算与信息技术技能

D1 Engage effectively in a variety of debates and produce clear，well-structured reports and other extended pieces of work；give clear，subject-specific presentations in a variety of contexts.

D1 有效地参与各种辩论，撰写表述清晰、结构良好的报告和其他拓展文章；能够根据不同的背景进行清晰的、针对具体主题的演讲

D2 Learn and apply more complex numerical problems within the context of accounting and economics.

D2 在会计和经济学的背景下，学习和解决更复杂的数值问题

D3 Access and use material and packages that will facilitate the analysis and presentation of numerical，tabular and graphical data.

D3 获取和使用有助于分析和呈现数字、表格和图形数据的材料和软件包

Autonomy，accountability and working with others：

自主性、责任感和与他人合作

E1 Adopt a broad-ranging and flexible approach to study and pursue activities designed to meet these needs in increasingly autonomous ways.

E1 采取广泛和灵活的学习研究方法，开展旨在以越来越自主的方式满足这些需要的活动

E2 Interact effectively within their subject-specific group；demonstrates basic negotiating and group-support skills.

E2 在特定主题或学科小组内有效互动；展示基本的谈判和小组支持技能

E3 Begin to self-direct，identify key elements or problems，and choose appropriate methods for problem solving.

E3 开始自我指导，能够识别关键因素或关键问题，并选择适当的方法来解决问题

SCQF Level 9 Stage 3 Placement Route

4. 苏格兰学分与资历框架 9 级　第三阶段（大三）实习路线

Knowledge and understanding:

知识与理解

A1 Shows confident familiarity with the broad areas of the knowledge bases of accounting and finance.

A1 熟悉会计和金融诸多领域的基础知识

A2 Demonstrates a widening appreciation of the significance of central and peripheral areas of management and of the range of methods and types of judgement employed in the business environment.

A2 对管理的中心领域和外围领域的重要性，以及在商业环境中所采用的各种方法和判断的类型，有着广泛的认识

Practice: *Applied knowledge*, *skills and understanding*:

实践：应用知识、技能与理解

B1 The application of accounting, finance and organisational principles in a work setting.

B1 在工作环境中应用会计、金融和组织原理

B2 Perform more complex and critical analysis of general management and specialist practices and theory and critically assess the means by which the general and specialist objectives of a business are achieved.

B2 对通用管理、专业实践与理论进行较为复杂的和批判性的分析，并批判性地评估实现企业通用目标和专业目标的措施手段

Generic cognitive skills:

一般认知技能

C1 Demonstrates ability to select and use principles and procedures appropriate to the situation or problem in hand, with minimal guidance required.

C1 能够选择和使用适用于当前形势或问题的原则和程序，只需最少的指导

C2 Shows basic ability to relate and marshal facts/ideas/elements in an argued case; with minimal guidance.

C2 在有争议的案例中表现出联系和整理事实/想法/要素的基本能力，只需最少的指导

C3 Identifies a range of valid alternative solutions; begins to discriminate and evaluate in a reasoned, systematic and increasingly independent way.

C3 确定一系列有效的替代解决方案；开始以理性、系统和日益独立的方式进行鉴别和评估

C4 Begins to self-direct, identify key elements or problems, and choose appropriate methods of problem solving.

C4 开始自我指导，能够识别关键因素或问题，并选择适当的解决问题的方法

Communication, *numeracy and IT skills*:

沟通、计算与信息技术技能

D1 Engages effectively in a variety of roles; debates; produces clear, well-structured reports and other extended pieces of work; gives clear, subject-specific presentations in a variety of contexts.

D1 有效地扮演各种角色；进行辩论；编写内容清晰、结构良好的报告和其他拓展文章；能够根据不同的背景进行清晰的、针对特定主题的演讲

D2 Learns and applies more complex statistical techniques. The student on placement will undertake more specialist calculations relevant to their workplace experience.

D2 学习和应用更复杂的统计技术；实习的学生能够进行更多与工作经验相关的专业计算

D3 Accesses and uses material and packages which will facilitate the analysis and presentation of numerical, tabular and graphical data. Develops and demonstrates competence in the use of the IT skills of statistical, spreadsheet and word processing packages in the workplace.

D3 访问和使用有助于分析和呈现数字、表格和图形数据的材料和软件包；培养并展示在工作场所使用统计、电子表格和文字处理软件包的 IT 技能的能力

Autonomy, accountability and working with others:

自主性、责任感和与他人合作

E1 Interacts effectively within the workplace environment; demonstrates basic negotiating, role leadership, and group-support skills.

E1 在工作环境中有效互动；展示基本的谈判、领导作用和团队支持技能

E2 During placement the student should demonstrate managerial, technical and personal skills at a level appropriate for the role they were employed for.

E2 在实习期间，学生应展示其管理、技术和个人技能，达到与其所从事的岗位相适应的水平

SCQF Level 10 Stage 4

5. 苏格兰学分与资历框架 10 级　第四阶段（大四）

Knowledge and Understanding:

知识与理解

A1 Demonstrate advanced knowledge of the principal areas of accounting and finance.

A1 具备会计和金融主要领域的高级知识

A2 Demonstrate advanced knowledge of personal and business taxation.

A2 具备个人税务和企业税务的高级知识

A3 Further extension of more advanced areas of business strategy.

A3 进一步拓展企业战略的高级领域

A4 Show confident familiarity with complex concepts of corporate ethics.

A4 熟悉复杂的企业道德理念

Practice: Applied knowledge, skills and understanding:

实践：应用知识、技能与理解

B1 Apply knowledge, skills and understanding of finance and accounting within professional scenarios and business situation.

B1 在专业场景和商业环境中应用会计和金融方面的知识、技能和理解

B2 Apply knowledge and understanding of tax legislation to a variety of personal and business scenarios.

B2 在各种个人和商业场景中应用税法知识和理解

B3 Apply knowledge of business organisations and strategy to a defined project, identifying and implementing relevant models.

B3 在一个确定的项目中应用企业组织和战略的知识，识别并实施相关模型

B4 Apply knowledge of complex ethical and professional issues in accordance with current professional practice and ethical codes of practice.

B4 根据当前的职业实践和职业道德规范，应用知识解决复杂的道德与专业问题

Generic cognitive skills:

一般认知技能

C1 Critically identify, define, conceptualise and analyse complex/professional problems and issues within the field of accounting, finance and tax.

C1 对会计、财务和税务领域内复杂的/专业的问题和事件，能够批判性地加以识别、定义、概念界定和分析

C2 Offer professional insights, interpretations and solutions to ethical business problems and issues, integrating theory with professional practice.

C2 结合理论与专业实践，为商业道德问题和事件提供专业的见解、解释和解决方案

C3 Critically review and consolidate knowledge, skills, practices and thinking with minimal guidance and managing own learning using a wide range of resources.

C3 批判性地复习和巩固知识、技能、实践和思维，只需很少的指导，并能够利用诸多资源管理自己的学习

Communication, numeracy and IT skills:

沟通、计算与信息技术技能

D1 Engage effectively in independent roles; debate in a professional manner; produce detailed critiques and coherent project reports; gives confident oral presentations in a wide range of contexts.

D1 有效发挥独立作用；以专业的方式进行辩论；能够进行详细的评论和连贯的项目报告；就不同情境自信地口头汇报

D2 Use advanced skills in numeracy within the context of complex professional and business scenarios.

D2 在复杂的专业和商业情境中应用高级计算技能

D3 Uses a variety of computer based packages to retrieve, manipulate and communicate data.

D3 使用各种基于计算机的软件包进行数据检索、操作和通信

Autonomy, accountability and working with others:

自主性、责任感和与他人合作:

E1 Interact effectively within learning or professional groups; demonstrate appropriate negotiating, role leadership and group-support skills to an advanced level.

E1 在学习小组或专业团队中有效互动；展示高水平谈判能力、领导能力和团队支持能力

E2 Carry out confident and accurate selection and application of principles and procedures to the solution of a range of professional situations and problems, working autonomously.

E2 自信、准确地选择和运用原则和程序来解决一系列专业情况和问题，能够自主地工作

DISTINCTIVE FEATURES OF COURSE

（四）专业特色

Unique amongst Accounting and Finance degrees in Scotland, this degree provides the opportunity for students to undertake a 48 week paid industrial placement route in Stage 3 as an integral part of the course. This provides students with exposure to the rigour and demands of working within an accounting or finance environment.

在苏格兰会计和金融学位中独一无二的是，该学位为学生提供了在第三阶段（大三）进行为期 48 周的带薪行业实习的机会，作为专业的必要组成部分。这为学生提供了体验会计或金融环境中工作的严格性和岗位要求的机会。

The BA (Honours) Accounting and Finance degree is delivered by a team of full and part-time academic staff. All of the academic staff who lecture on the accounting modules are professionally qualified and have substantial experience working within industry or professional practice. Delivery of the course is also enhanced by the opportunity to hear from guest speakers from the accounting professional bodies and from industry.

会计和金融（荣誉）学士学位由全职和兼职学术团队授课。所有讲授会计课程的教师均具备专业资格，并具有丰富的行业经验或专业实践经验。学生有机会聆听来自会计专业机构和行业的嘉宾来校授课，增强了专业教学实力。

Students learn in a variety of engaging and challenging ways and are encouraged to become independent learners from the outset of the course.

学生以各种参与式且富有挑战性的方式学习，并鼓励学生从一进入专业就成为独立的学习者。

WHAT THE COURSE INVOLVES

（五）专业教学内容

Students are expected to commit 35 hours per week to their studies and the course timetable typically involves around 12 hours of timetabled classes per week. These contact hours are normally a combination of lectures, tutorials and workshops but may also involve computer lab based classes. In addition to these face-to-face classes, students will be expected to undertake substantial further independent reading and preparation of work for classes and assessments.

学生每周预计投入 35 小时的学习时间，专业教学计划一般安排每周 12 小时左右的课堂教学。这些面授学时一般涵盖讲座、辅导和研讨会，但也可能包括计算机机房课程。除了这些面授课程外，学生们还要进行大量的独立阅读，准备作业与考核。

For those students who join the degree in stages 1 or 2, the course provides an opportunity to undertake a

48-week paid placement in an accounting or finance environment during stage 3. An alternative opportunity for these students may be to study abroad at a partner university for both semesters during stage 3.

对于第一阶段（大一）或第二阶段（大二）入学的学生而言，该专业在第三阶段（大三）提供了为期48周的会计或金融环境带薪实习的机会。这些学生的另一个选择是在第三阶段的两个学期到海外合作大学留学。

Students are assessed using a range of assessment methods and can include individual essays and reports; individual and group presentations and closed book examinations and class tests.

使用一系列的考核方法对学生进行考核，可以包括个人论文和报告，个人和小组汇报，闭卷考试和随堂测试。

PLACEMENT / PROFESSIONAL EXPERIENCE

（六）实习/专业体验

For those students who join the degree in stages 1 or 2, an opportunity to undertake a 48 week paid placement in an accounting or finance environment may be available during stage 3. For students following this route, the placement is an integral part of the degree course and students' progress and contribution on placement are assessed by the placement employer. Students are assigned to a placement supervisor within their organisation who they will report to and who is responsible for assessing the students' progress and achievements. Students are also supported by an academic placement tutor who will normally visit the placement organisation during the placement period to ensure that the student is progressing satisfactorily.

对于那些在第一阶段（大一）或第二阶段（大二）入读学位的学生，在第三阶段（大三）可能有机会在会计或金融环境中进行为期48周的带薪实习。对于选择实习路线的学生来说，实习是该学位专业的一个必要组成部分，学生在实习工作中的进步和贡献由实习单位进行考核。实习单位为学生分配一位实习导师，学生向导师汇报，导师负责评估学生的进步和成绩。学生也会得到一位学术实习导师的支持，学术实习导师通常会在实习期间访问实习单位，以确保学生的成长进步令人满意。

The placement scheme is supported by the Employability and Professional Enrichment Hub which sources placements for undergraduate students. Placements are available on a competitive basis and students are required to apply formally for the placements they wish to obtain. Students will normally be expected to participate in a placement interview conducted by the hosting organisation and may be required to participate in an assessment centre process also conducted by the hosting organisation. Current placement employers include Big 4 Chartered Accountant firms, medium and small Chartered Accountants firms as well as multinational companies and financial institutions.

实习计划由学校就业能力和专业实训中心提供支持，该中心为本科生网罗实习机会。实习岗位要靠竞争来获得，学生必须正式申请他们希望获得的实习机会。学生通常会被要求参加由实习单位举行的实习面试，也可能被要求参加由主办机构进行的考核。目前的实习机构包括四大注册会计师事务所、中小型注册会计师事务所以及跨国公司和金融机构。

After a successful placement, students may, in some cases, be offered a Chartered Accountancy Training Contract with their placement employer on graduation and if this happens then the placement with the firm of chartered accountants may count towards the Institute of Chartered Accountants of Scotland training contract requirement.

实习圆满结束后，在某些情况下，学生在毕业时可以与实习单位签订特许会计培训合同。如果发生这种情况，那么学生在特许会计师事务所的实习可以计入苏格兰特许会计师协会的培训合同要求。

OPPORTUNITIES FOR FURTHER STUDY

（七）继续学习的机会

Many graduates will continue to study for a professional qualification with one of the accounting bodies and the degree will usually provide access to postgraduate programmes in UK higher education institutions. The course also provides an excellent foundation for students wishing to further their career in a broader business context.

许多毕业生将继续在某一会计机构学习以获得专业资格，该学位为学生提供进入英国高等教育机构研究生专业的机会。该专业也为那些希望在更广泛的商业环境中进一步发展事业的学生奠定了良好的基础。

EXTERNAL AND INTERNAL INDICATORS OF QUALITY AND STANDARDS

（八）质量的内部指标、外部指标与标准

The degree is fully accredited with The Institute of Chartered Accountants of Scotland and gains excellent examination exemptions from The Association of Chartered Certified Accountants, The Chartered Institute of Management Accountants and Association of International Accountants. The requirements and standards of the Professional Bodies form the basis of the degree.

本专业通过了苏格兰特许会计师协会的完全认证，并获得特许注册会计师协会、特许管理会计师协会和国际会计师协会的优秀成绩豁免考试。这些专业机构的要求和标准构成本学位的基础。

ACADEMIC REGULATIONS

学术规章

This course is governed by the provisions of the University's Academic Regulations, which are available at www. rgu. ac. uk/academic regulations. In particular:

本专业受大学学术规章的约束，可在 www. rgu. ac. uk/academicralregulations 查看。尤其是：

Regulation A1：Courses

规章 A1：专业

Regulation A2：Admission and Enrolment

规章 A2：招生录取

Regulation A3：Section 1：Student Appeals（Awards and Progression）Procedure

规章 A3：第 1 节：学生申诉（学历证书与升学）程序

Regulation A3：Section 2：Student Misconduct Procedure

规章 A3：第 2 节：学生行为失范处理程序

Regulation A4：Assessment and Recommendations of Assessment Boards

规章 A4：考核委员会的考核与建议

Entry Requirements

（九）入学要求

Applicants must satisfy the University's general admission requirements to courses as contained in Academic Regulation A2：Admission and Enrolment，including proficiency to a minimum standard in the English language. Specific entry requirements for this course are detailed below.

申请人必须符合大学对学术规章第 A2 条：招生录取的相关规定，包括最低英语水平。本专业的具体入学要求如下：

SQA Higher：ABBB

GCE A level：BBC

ILC Higher：H2H2H2H3

IB Diploma. 29

Entry to the direct entrants taught route in stage 3 of the course will be possible for those who have completed an HND in Accounting at one of our partner FE Colleges.

对于在学校合作的继续教育学院完成会计专业国家高等教育文凭课程的学生，可以直接进入专业第三阶段（大三）的教学路线课程。

Equivalent qualifications and some access programmes will be considered.

Candidates are not normally interviewed.

同等学力和一些入门课程也会考虑。

一般不安排申请人面试。

Course Specific Academic Regulations

（十）本专业特有的学术规定

In stage 3，the taught routes are available part time whereby 30 credits are undertaken per semester for two sessions. Not all modules from the stage will be offered on the part time route every session. Modules to be taken from each route each session will be determined by the Course Leader.

在第三阶段（大三），选择教学路线的学生其课程是非全日制的，每学期修满 30 学分，共两个学期。每个学期，非全日制学生不是该阶段的所有课程都可以选修。每学期每种路线可以选择的课程由专业负责人决定。

Students who do not achieve the necessary credits from study abroad may be required to undertake Study

Abroad Portfolio modules where resit opportunities with the host institution are not available or not suitably scheduled. This will be a decision of the Assessment Board. Honours classification is based solely on performance in stage 4 of the course.

海外留学的学生如果不能获得必要的学分，而东道国院校不提供重修机会或不方便安排重修课程，那么这些学生有可能被要求参加“海外学习作品集”式课程，这将由考核委员会决定。学位的荣誉等级仅根据专业第四阶段（大四）的表现而定。

二、RGU 荣誉学士学位会计与金融专业教学计划

Full-Time 全日制

Stage 1 大一	**Semester 1 第一学期**	***CREDITS* 学分**	***LEVEL* 等级**
BS1007	Business Perspectives 商业视野	30	SCQF 7
BS1111	Financial Accounting 财务会计	15	SCQF 7
BS2268	Personal and Business Finance 个人与企业财务	15	SCQF 8
	Total for Semester：学期学分小计	**60**	

Full-Time 全日制

Stage 1 大一	**Semester 2 第二学期**	***CREDITS* 学分**	***LEVEL* 等级**
BS1109	Introductory Economics 经济学基础	15	SCQF 7
BS1204	People Management 人员管理	15	SCQF 7
BS1270	Management Accounting 管理会计	15	SCQF 7
BS2258	Business Law 商法	15	SCQF 8
	Total for Semester：学期学分小计	**60**	
	Total for Stage：学年学分合计	**120**	

Full-Time 全日制

Stage 2 大二	**Semester 1 第一学期**	***CREDITS* 学分**	***LEVEL* 等级**
BS2114	Quantitative Business Techniques 量化商业技术	15	SCQF 8
BS2225	Advanced Business Law 高级商法	15	SCQF 8
BS2293	Business Ideas and Opportunities 商业创意与商机	15	SCQF 8
BS3039	Financial Reporting and Forecasting 财务报告与预测	15	SCQF 9
	Total for Semester：学期学分小计	**60**	

Full-Time 全日制

Stage 2 大二	**Semester 2 第二学期**	***CREDITS* 学分**	***LEVEL* 等级**
BS2011	Business Analytics 商业分析	15	SCQF 8
BS2201	Finance for Business Decisions 企业决策财务	15	SCQF 8
BS2214	Management and Cost Accounting 管理与成本会计	15	SCQF 8
BS3142	External Reporting 外部报告	15	SCQF 9
	Total for Semester：学期学分小计	**60**	
	Total for Stage：学年学分合计	**120**	

Full-Time 全日制

Stage 3 大三	**Semester 1 第一学期**	***CREDITS* 学分**	***LEVEL* 等级**	
BS2293	Business Ideas and Opportunities 商业创意与商机	15	SCQF 8	C
BS3012	Audit Theory and Practice 审计理论与实务	15	SCQF 9	A B C D E F G
BS3039	Financial Reporting and Forecasting 财务报告与预测	15	SCQF 9	C
BS3195	Corporate Governance 公司治理	15	SCQF 9	B F
BS3213	Placement-One Semester 实习一学期	45	SCQF 9	E
BS3301	Placement 实习	—	SCQF 9	A
BS3341	Study Abroad 5 海外学习 5	15	SCQF 9	D G
BS3343	Study Abroad 7 海外学习 7	15	SCQF 9	D G
BS3344	Study Abroad 8 海外学习 8	15	SCQF 9	D G
BS3351	Fundamentals of Employment Law 就业法律基础	15	SCQF 9	B F
BS3918	Money and Financial Markets 货币与金融市场	15	SCQF 9	B C F

Note：Route totals are not equal －＞ Totals for Semester：
注意：每个路径对应的学分不等－＞学期学分小计

Route A：15
Route B：60
Route C：60
Route D：60
Route E：60
Route F：60
Route G：60

Route A – Placement（both Semesters） – Students following this route will be on placement in both semesters.
路径 A – 实习（两个学期） – 选择这条路径的学生将实习两个学期。

Route B – Taught – Continuing Students. This taught Stage 3 route is available part time whereby 30 credits are undertaken per Semester for two sessions. Modules to be taken from the route each session will be determined by the Course Leader.
路径 B – 上课 – 续读学生。第三学年上课路径允许在业余时间上课，每学期选择 30 个学分，连续上两个学期。每学期要选修的课程由专业负责人确定。

Route C – Taught – Direct Entrants. This taught Stage 3 route is available part time whereby 30 credits are undertaken per Semester for two sessions. Modules to be taken from the route each session will be determined by the Course Leader.
路径 C – 上课 – 直读新生。第三学年上课路径允许在业余时间上课，每学期选择 30 个学分，连续上两个学期。每学期要选修的课程由专业负责人确定。

Route D – Study Abroad（both Semesters） – Students following this route will study abroad in both semesters.
路径 D – 海外学习（两个学期） – 选择这条路径的学生将在海外学习两个学期。

Route E – Placement（Semester 1 only） – Students following this route will be on placement in Semester 1 only.
路径 E – 实习（仅第一学期） – 选择这条路径的学生仅在第一学期实习。

Route F – Placement（Semester 2 only） – Students following this route will be on placement in Semester 2 only.
路径 F – 实习（仅第二学期） – 选择这条路径的学生仅在第二学期实习。

Route G – Study Abroad（Semester 1 only） – Students following this route will study abroad in Semester 1 only.
路径 G – 海外学习（仅第一学期） – 选择这条路径的学生仅第一学期在海外学习。

Full-Time 全日制

Stage 3 大三	**Semester 2 第二学期**	***CREDITS* 学分**	***LEVEL* 等级**	
BS2201	Finance for Business Decisions 企业决策财务	15	SCQF 8	C
BS2214	Management and Cost Accounting 管理与成本会计	15	SCQF 8	C
BS3017	Employability Skills 就业技能	15	SCQF 9	A E F
BS3112	Literature Project 文献研究项目	15	SCQF 9	B C G
BS3142	External Reporting 外部报告	15	SCQF 9	C
BS3201	New Business Project 新商业项目	30	SCQF 9	B E G
BS3213	Placement-One Semester 实习一学期	45	SCQF 9	F
BS3301	Placement 实习	90	SCQF 9	A
BS3347	Study Abroad 9 海外学习 9	15	SCQF 9	D
BS3348	Study Abroad 10 海外学习 10	15	SCQF 9	D

BS3349	Study Abroad 11 海外学习 11	15	SCQF 9	D
BS3942	Study Abroad 12 海外学习 12	15	SCQF 9	D
BS4011	Global Leadership 全球领导力	15	SCQF 10	B E G

Note：Route totals are not equal －＞Totals for Semester：
注意：每个路径对应的学分不等－＞学期学分小计

Route A：105
Route B：60
Route C：60
Route D：60
Route E：60
Route F：60
Route G：60

Route A－Placement（both Semesters）－Students following this route will be on placement in both semesters.
路径 A－实习（两个学期）－选择这条路径的学生将实习两个学期。
Route B－Taught－Continuing Students.
路径 B－上课－续读学生。
Route C－Taught－Direct Entrants.
路径 C－上课－直读新生。
Route D－Study Abroad（both Semesters）－Students following this route will study abroad in both semesters.
路径 D－海外学习（两个学期）－选择这条路径的学生将在海外学习两个学期。
Route E－Placement（Semester 1 only）－Students following this route will be on placement in Semester 1 only.
路径 E－实习（仅第一学期）－选择这条路径的学生仅在第一学期实习。
Route F－Placement（Semester 2 only）－Students following this route will be on placement in Semester 2 only.
路径 F－实习（仅第二学期）－选择这条路径的学生仅在第二学期实习。
Route G－Study Abroad（Semester 1 only）－Students following this route will study abroad in Semester 1 only.
路径 G－海外学习（仅第一学期）－选择这条路径的学生仅第一学期在海外学习。

	Total for Stage：学年学分合计	*120*

Full-Time 全日制

Stage 4 大四	**Semester 1 第一学期**	***CREDITS* 学分**	***LEVEL* 等级**
BS4012	Assurance and Ethics 担保与伦理	15	SCQF 10
BS4105	Corporate Financial Management 公司财务管理	15	SCQF 10
BS4113	Personal and Business Taxation 个人与企业税务	15	SCQF 10
BS4215	Financial Reporting Issues and Applications 财务报告问题与应用	15	SCQF 10
	Total for Semester：学期学分小计	**60**	

Full-Time 全日制

Stage 4 大四	**Semester 2 第二学期**	***CREDITS* 学分**	***LEVEL* 等级**
BS4104	Business Strategy 企业战略	15	SCQF 10
BS4111	Financial Accounting for Groups and Companies 集团与公司财务会计	15	SCQF 10
BS4112	Management Accounting Decision-making and Control 管理会计决策与控制	15	SCQF 10
BS4214	Corporate and Capital Taxes 公司税与资本税	15	SCQF 10
	Total for Semester：学期学分小计	**60**	
	Total for Stage：学年学分合计	**120**	

三、RGU 荣誉学士学位会计与金融专业课程标准

（一）财务会计课程标准

MODULE DESCRIPTOR 课程标准

Module Title 课程名称

Financial Accounting 财务会计

Reference 课程编号	BS1111	**Version 版本号**	6
Created 开发日期	January 2019	**SCQF Level SCQF 等级**	SCQF 7
Approved 批准日期	July 2019	**SCQF Points SCQF 学分**	15
Amended 修订日期	July 2019	**ECTS Points[①] ECTS 学分**	7. 5

Aims of Module 课程目标

To develop knowledge and basic skills in financial accounting and to introduce the theoretical principles of accounting.

培养财务会计知识和基本技能，介绍会计理论原理。

Learning Outcomes for Module 课程学习成果

On completion of this module, students are expected to be able to:

完成该课程之后，学生应该能够：

① 欧洲学分转让和积累系统（European Credit Transfer and Accumulation System，ECTS），又译欧洲学分互认体系，是根据博洛尼亚进程，欧洲诸国间在高等教育领域互相衔接的一个项目，以确保各国高等教育标准相当。

1	Record financial transactions from source documents. 根据原始凭证记录财务交易
2	Prepare basic financial statements for sole traders. 为个体商户编制基本的财务报表
3	Prepare basic financial statements for partnerships and limited companies. 为合伙企业和有限公司编制基本财务报表
4	Apply theoretical knowledge to accounting problems. 运用理论知识解决会计问题
5	Use accounting software to prepare accounting information. 使用会计软件准备会计信息

Indicative Module Content 课程内容

Introduction to financial accounting; outline of the conceptual framework; double entry book keeping for sole traders, limited companies, manufacturing and not for profit organisations; journals; extended trial balance; income statement; statement of financial position; accruals accounting; period end procedures; bank reconciliations; control account reconciliations.

财务会计导论；概念框架概要；个体商户、有限公司、制造业和非营利组织的复式簿记法；日记账；扩展试算平衡表；损益表；财务状况表；应计会计；期末程序；银行对账；控制账户对账。

Module Delivery 课程教学方法

Topics are delivered in lectures, developed in tutorials and a book keeping case study is completed in workshops and computer labs.

本课程主题将通过讲座的方式授课，教师提供个别辅导，并通过研讨会和计算机实验室完成簿记案例研究。

Indicative Student Workload 学生工作量	**Full Time 全日制**	**Part Time 业余**
Contact Hours 面授学时	54	N/A①
Non-Contact Hours 非面授学时	96	N/A
Placement/Work-Based Learning Experience [Notional] Hours 实习/实训【名义】学时	N/A	N/A
TOTAL 合计	150	N/A
Actual placement hours for professional, statutory or regulatory body 在专业、法定或监管机构的实际实习时间		

① （用于回答表格问题）不相关，不适用。not applicable（= used on a form as an answer to a question that does not apply to you）.

ASSESSMENT PLAN 考核方案

If a major/minor model is used and box is ticked, % weightings below are indicative only.

如果使用主修/辅修模型并勾选了方框，则下面的权重百分比仅供参考。

Component 1 第一部分

Type：类型	Coursework 课程作业	Weighting：权重	30%	Outcomes Assessed：考核的学习成果	1，2，5
Description：说明	Individual applied assignment 个人应用型作业				

Component 2 第二部分

Type：类型	Examination 考试	Weighting：权重	70%	Outcomes Assessed：考核的学习成果	1，3，4
Description：说明	Closed book examination 闭卷考试				

MODULE PERFORMANCE DESCRIPTOR 课程绩效标准

Explanatory Text 解释说明

The module is assessed by two components：C1-Coursework-30% weighting. C2-Examination-70% weighting. Module Pass Mark = Grade D （40%）

本课程考核由两部分组成。第一部分：课程作业-30%权重。第二部分：考试-70%权重。课程及格分数 = D 级（40%）

Module Grade 课程成绩	Minimum Requirements to achieve Module Grade：达到这一成绩的最低要求：
A	At least 70% on weighted aggregate and at least 35% in each component 加权总分至少70%以上，每部分至少35%以上
B	At least 60% on weighted aggregate and at least 35% in each component 加权总分至少60%以上，每部分至少35%以上
C	At least 50% on weighted aggregate and at least 35% in each component 加权总分至少50%以上，每部分至少35%以上
D	At least 40% on weighted aggregate and at least 35% in each component 加权总分至少40%以上，每部分至少35%以上
E	At least 35% on weighted aggregate 加权总分至少35%以上
F	Less than 35% on weighted aggregate 加权总分低于35%
NS	Non-submission of work by published deadline or non-attendance for examination 未在公布的截止日期前提交作品或未参加考试

Module Requirements 课程要求	
Prerequisites for Module 预备课程	None. 无
Corequisites for module 辅助课程	None. 无
Precluded Modules 限修课程	None. 无

INDICATIVE BIBLIOGRAPHY 参考书目	
1	WEETMAN, P., 2015. Financial Accounting. 7th ed. London: Pearson.
2	WOOD, F. and SANGSTER, A., 2018. Frank Wood's Business Accounting 1. 14th ed. London: Financial Times Prentice Hall.

（二）管理会计课程标准

MODULE DESCRIPTOR 课程标准

Module Title 课程名称

Management Accounting 管理会计

Reference 课程编号	BS1270	**Version 版本号**	6
Created 开发日期	March 2019	**SCQF Level SCQF 等级**	SCQF 7
Approved 批准日期	July 2019	**SCQF Points SCQF 学分**	15
Amended 修订日期	July 2019	**ECTS Points ECTS 学分**	7.5

Aims of Module 课程目标

To develop knowledge and understanding of the nature and purpose of management accounting with an awareness of the theory and use of relevant techniques in decision making, planning and control.
了解管理会计的性质和目的，具备理论意识，应用相关技术进行决策、计划和控制。

Learning Outcomes for Module **课程学习成果**

On completion of this module, students are expected to be able to:
完成该课程之后，学生应该能够：

1	Discuss basic concepts of budgeting. 讨论预算的基本概念
2	Discuss different methods of cost classification. 讨论不同的成本分类方法
3	Explain cost behaviour and its implications for decision making. 解释成本行为及其对决策的影响

4	Apply relevant management accounting techniques and theory in basic budgeting, costing and decision making contexts. 将相关的管理会计技术和理论应用于基本的预算、成本核算和决策过程
5	Develop wider graduate skills in the context of a management accounting case study. 在管理会计案例研究中培养更广泛的毕业（就业）技能

Indicative Module Content 课程内容

Preparation of budgets; cost-volume-profit analysis; cost assignment; approaches to costing.

预算编制；本量利分析；成本分配；成本计算方法。

Module Delivery 课程教学方法

This module is delivered in lectures and further developed in tutorials.

本课程采取讲座的方式授课，教师提供个别辅导。

Indicative Student Workload 学生工作量参考	Full Time 全日制	Part Time 业余
Contact Hours 面授学时	35	N/A
Non-Contact Hours 非面授学时	115	N/A
Placement/Work-Based Learning Experience [Notional] Hours 实习/实训【名义】学时	N/A	N/A
TOTAL 合计	150	N/A
Actual placement hours for professional, statutory or regulatory body 在专业、法定或监管机构的实际实习时间		

ASSESSMENT PLAN 考核方案

If a major/minor model is used and box is ticked, % weightings below are indicative only.

如果使用主修/辅修模型并勾选了方框，则下面的权重百分比仅供参考。

Component 1 第一部分

Type：类型	Coursework 课程作业	Weighting：权重	30%	Outcomes Assessed： 考核的学习成果	5
Description：说明	Group presentation and report 小组演示和报告				

Component 2 第二部分

Type：类型	Examination 考试	Weighting：权重	70%	Outcomes Assessed： 考核的学习成果	1，2， 3，4
Description：说明	Closed book examination 闭卷考试				

MODULE PERFORMANCE DESCRIPTOR 课程绩效标准

Explanatory Text 解释说明

The module is assessed by two components：C1-Coursework-30% weighting. C2-Examination-70% weighting. Module Pass Mark = Grade D（40%）

本课程考核由两部分组成。第一部分：课程作业 - 30% 权重。第二部分：考试 - 70% 权重。课程及格分数 = D 级（40%）

Module Grade 课程成绩	Minimum Requirements to achieve Module Grade： 达到这一成绩的最低要求：
A	At least 70% on weighted aggregate and at least 35% in each component 加权总分至少 70% 以上，每部分至少 35% 以上
B	At least 60% on weighted aggregate and at least 35% in each component 加权总分至少 60% 以上，每部分至少 35% 以上
C	At least 50% on weighted aggregate and at least 35% in each component 加权总分至少 50% 以上，每部分至少 35% 以上
D	At least 40% on weighted aggregate and at least 35% in each component 加权总分至少 40% 以上，每部分至少 35% 以上
E	At least 35% on weighted aggregate 加权总分至少 35% 以上
F	Less than 35% on weighted aggregate 加权总分低于 35%
NS	Non-submission of work by published deadline or non-attendance for examination 未在公布的截止日期前提交作品或未参加考试

Module Requirements 课程要求		
Prerequisites for Module 预备课程	None.	无
Corequisites for module 辅助课程	None.	无
Precluded Modules 限修课程	None.	无

INDICATIVE BIBLIOGRAPHY 参考书目

1	DRURY，C.，2018. Cost and management accounting. 9th ed. Andover：Cengage Learning.
2	WEETMAN，P.，2010. Management accounting. 2nd ed. Harlow：Financial Times Prentice Hall.
3	DRURY，C.，2020. Management and cost accounting. 11th ed. Andover：Cengage Learning.

MODULE DESCRIPTOR 课程标准

Module Title 课程名称

Management and Cost Accounting 管理与成本会计

Reference 课程编号	BS2214	**Version 版本号**	6
Created 开发日期	March 2019	**SCQF Level SCQF 等级**	SCQF8
Approved 批准日期	July 2019	**SCQF Points SCQF 学分**	15
Amended 修订日期	July 2019	**ECTS Points ECTS 学分**	7.5

Aims of Module 课程目标

To develop knowledge and understanding of the theory of management and cost accounting as it relates to cost accumulation and profit measurement, decision making and planning.

理解管理会计与成本会计理论，因为它涉及成本积累和利润核算、决策和规划。

Learning Outcomes for Module 课程学习成果

On completion of this module, students are expected to be able to:

完成该课程之后，学生应该能够：

1	Apply relevant theory and models to present a range of cost information and undertake its preliminary analysis. 运用相关理论和模型，呈现诸多成本信息并进行初步分析
2	Develop solutions to basic costing problems within a wider financial management context. 在更广泛的财务管理背景下为基本成本问题寻求解决方案
3	Assess cost behaviour and its underpinning theory. 评估成本行为及其基础理论
4	Apply relevant accounting software to formulate accounting information. 运用相关会计软件编制会计信息

Indicative Module Content 课程内容

Role of management accounting in stock valuation and profit measurement, decision making and planning. Costing techniques including absorption costing, variable costing and activity based costing. Methods of joint cost allocation and process costing. Integrated cost accounting incorporating entries for absorption costing and process costing. Development of cost-volume-profit analysis.

管理会计在股票估值、利润计量、决策和计划中的作用。成本核算技术包括吸收成本法、变动成本法和作业成本法。联合成本分摊法和过程成本法。综合成本会计，包括吸收成本和过程成本的分录。本量利分析。

Module Delivery 课程教学方法

Topics are introduced in lectures and developed in workshop sessions and tutorials for which students are expected to undertake directed independent learning.

在讲座中引入主题，在研讨会和个别辅导中发展主题，学生能够在一定的指导下进行独立学习。

Indicative Student Workload 学生工作量参考	Full Time 全日制	Part Time 业余
Contact Hours 面授学时	48	N/A
Non-Contact Hours 非面授学时	102	N/A
Placement/Work-Based Learning Experience [Notional] Hours 实习/实训【名义】学时	N/A	N/A
TOTAL 合计	150	N/A
Actual placement hours for professional, statutory or regulatory body 在专业、法定或监管机构的实际实习时间		

ASSESSMENT PLAN 考核方案

If a major/minor model is used and box is ticked, % weightings below are indicative only.

如果使用主修/辅修模型并勾选了方框，则下面的权重百分比仅供参考。

Component 1 第一部分

Type：类型	Examination 考试	Weighting：权重	100%	Outcomes Assessed：考核的学习成果	1，2，3，4
Description：说明	Closed book examination 闭卷考试				

MODULE PERFORMANCE DESCRIPTOR 课程绩效标准

Explanatory Text 解释说明

The module is assessed by one component：C1-Closed Book Examination-100% weighting. Module Pass Mark = Grade D（40%）

本课程考核由一个部分组成。第一部分：闭卷考试－权重 100%。课程及格分数＝D 级（40%）

Module Grade 课程成绩	Minimum Requirements to achieve Module Grade：达到这一成绩的最低要求：
A	At least 70% on weighted aggregate and at least 35% in each component 加权总分至少 70% 以上，每部分至少 35% 以上
B	At least 60% on weighted aggregate and at least 35% in each component 加权总分至少 60% 以上，每部分至少 35% 以上

C	At least 50% on weighted aggregate and at least 35% in each component 加权总分至少 50% 以上，每部分至少 35% 以上
D	At least 40% on weighted aggregate and at least 35% in each component 加权总分至少 40% 以上，每部分至少 35% 以上
E	At least 35% on weighted aggregate 加权总分至少 35% 以上
F	Less than 35% on weighted aggregate 加权总分低于 35%
NS	Non-submission of work by published deadline or non-attendance for examination 未在公布的截止日期前提交作品或未参加考试

Module Requirements 课程要求	
Prerequisites for Module 预备课程	None. 无
Corequisites for module 辅助课程	None. 无
Precluded Modules 限修课程	None. 无

INDICATIVE BIBLIOGRAPHY 参考书目

1	ATRILL, P. and MCLANEY, E., 2015. Management accounting for decision makers. 9th ed. London: Pearson.
2	DRURY, C., 2017. Management and cost accounting. 10th ed. London: Cengage Learning.

（三）财务报告与预测课程标准

MODULE DESCRIPTOR 课程标准

Module Title 课程名称

Financial Reporting and Forecasting 财务报告与预测

Reference 课程编号	BS3039	**Version 版本号**	1
Created 开发日期	March 2019	**SCQF Level SCQF 等级**	SCQF 9
Approved 批准日期	July 2019	**SCQF Points SCQF 学分**	15
Amended 修订日期	August 2020	**ECTS Points ECTS 学分**	7.5

Aims of Module 课程目标

To develop knowledge and understanding of financial forecasting and external financial reporting.
培养学生对财务预测和外部财务报告的认识和理解。

Learning Outcomes for Module 课程学习成果

On completion of this module, students are expected to be able to:
完成该课程之后，学生应该能够：

1	Prepare detailed financial projections for an organisation using excel spreadsheets. 使用 excel 电子表格为组织进行详细的财务预测
2	Analyse financial projections of an organisation to evaluate performance and aid decision making. 分析组织的财务预测，以评估绩效并帮助决策
3	Critically discuss the regulatory framework for financial reporting and specific accounting standards. 批判性地讨论财务报告的监管框架和具体的会计准则
4	Undertake detailed computational calculations to demonstrate understanding and knowledge of relevant accounting standards. 进行详细的计算，以证明对相关会计准则的理解和认识

Indicative Module Content 课程内容

Financial projections: projected profit and loss; cash flow; balance sheet; VAT; sensitivity analysis. Regulatory framework; published financial statements; revenue; property, plant and equipment; foreign currency; provisions; contingent assets and liabilities; events after the reporting period.
财务预测：预计损益；现金流量；资产负债表；增值税；敏感性分析。监管框架；公布的财务报表；收入；不动产、厂房和设备；外币；准备金；或有资产和负债；报告期后事项。

Module Delivery 课程教学方法

Topics will be introduced in lectures and developed in either computer based workshops or tutorials and by directed independent learning.
在讲座中介绍主题，通过基于计算机的研讨会、个别辅导以及有指导的独立学习来深化主题。

Indicative Student Workload 学生工作量参考	Full Time 全日制	Part Time 业余
Contact Hours 面授学时	36	N/A
Non-Contact Hours 非面授学时	114	N/A
Placement/Work-Based Learning Experience [Notional] Hours 实习/实训【名义】学时	N/A	N/A
TOTAL 合计	150	N/A
Actual placement hours for professional, statutory or regulatory body 在专业、法定或监管机构的实际实习时间		

ASSESSMENT PLAN 考核方案

If a major/minor model is used and box is ticked, % weightings below are indicative only.
如果使用主修/辅修模型并勾选了方框，则下面的权重百分比仅供参考。

Component 1 **第一部分**					
Type：类型	Examination 考试	Weighting：权重	30%	Outcomes Assessed：考核的学习成果	1，2
Description：说明	Class test 课堂测试				
Component 2 **第二部分**					
Type：类型	Examination 考试	Weighting：权重	70%	Outcomes Assessed：考核的学习成果	3，4
Description：说明	Closed book examination 闭卷考试				

MODULE PERFORMANCE DESCRIPTOR 课程绩效标准

Explanatory Text 解释说明

The module is assessed by two components：C1-Class test-30% weighting. C2-Examination-70% weighting. Module Pass Mark = Grade D（40%）

本课程考核由两部分组成。第一部分：课堂考试 – 30% 权重。第二部分：考试 – 70% 权重。课程及格分数 = D 级（40%）

Module Grade 课程成绩	Minimum Requirements to achieve Module Grade：达到这一成绩的最低要求：
A	At least 70% on weighted aggregate and at least 35% in each component 加权总分至少 70% 以上，每部分至少 35% 以上
B	At least 60% on weighted aggregate and at least 35% in each component 加权总分至少 60% 以上，每部分至少 35% 以上
C	At least 50% on weighted aggregate and at least 35% in each component 加权总分至少 50% 以上，每部分至少 35% 以上
D	At least 40% on weighted aggregate and at least 35% in each component 加权总分至少 40% 以上，每部分至少 35% 以上
E	At least 35% on weighted aggregate 加权总分至少 35% 以上
F	Less than 35% on weighted aggregate 加权总分低于 35%
NS	Non-submission of work by published deadline or non-attendance for examination 未在公布的截止日期前提交作品或未参加考试

Module Requirements **课程要求**	
Prerequisites for Module 预备课程	For BA（Hons）Accounting and Finance：BS1111 Financial Accounting in addition to SCQF 7 entry requirements or equivalent. 对会计和金融学士（荣誉学位）：除了满足 SCQF 7 级入学要求或同等学力之外，还要提前修完 BS1111 财务会计课程。

Corequisites for module 辅助课程	None.	无
Precluded Modules 限修课程	None.	无

INDICATIVE BIBLIOGRAPHY 参考书目

1	BARROW, C., BARROW, P., and BROWN, R., 2015. The business plan workbook. 8th ed. London: Kogan Page.
2	ELLIOTT, B. and ELLIOTT, J., 2019. Financial accounting and reporting. 19th ed. Harlow: Pearson Education.
3	MAYNARD, J., 2017. Financial accounting, reporting & analysis . 2nd ed. Oxford University Press

（四）实习课程标准

MODULE DESCRIPTOR 课程标准

Module Title 课程名称

Placement 实习

Reference 课程编号	BS3301	**Version 版本号**	7
Created 开发日期	March 2019	**SCQF Level SCQF 等级**	SCQF 9
Approved 批准日期	July 2019	**SCQF Points SCQF 学分**	90
Amended 修订日期	July 2019	**ECTS Points ECTS 学分**	45

Aims of Module 课程目标

To provide the student with the opportunity to apply, within the placement environment, the knowledge, understanding and personal transferable skills acquired in the programme of study.

为学生提供在实习环境中应用专业学习中获得的知识、理解和个人可转移技能的机会。

Learning Outcomes for Module 课程学习成果

On completion of this module, students are expected to be able to:

完成该课程之后，学生应该能够：

1	Demonstrate skills, attitudes and behaviours appropriate to the workplace. 展示适合工作场所的技能、态度和行为
2	Recognise own strengths and weaknesses as potential managers. 认识到自己作为潜在管理者的优势和劣势
3	Develop an understanding of the organisation in which they are placed. 了解他们所在的实习机构

4	Apply the theories, models, concepts and principles acquired in the programme of study to the workplace. 将专业学习中获得的理论、模型、概念和原则应用于工作场所
5	Demonstrate evidence of, and reflect on new learning with regard to knowledge, skills and abilities required for effective functioning in the workplace. 证明并反思在工作场所有效运作所需的知识、技能和能力方面的新的学习

Indicative Module Content 课程内容

The content of the placement will vary. Each student will work in a discipline related to their chosen degree route. An agreed learning contract and programme of activity will be drawn up with the host organisation which will enable the achievement of learning outcomes.

实习的内容会有所不同。每个学生都将从事与其所选学位课程模式相关学科的工作。学生将与实习单位拟定一份学习合同和活动计划，以实现学习成果。

Module Delivery 课程教学方法

Delivery is by means of on-the-job training. In addition students may be required to attend specific staff development workshops as designated by the host organisation.

教学是通过在职培训进行的。此外，学生可能需要参加主办机构指定的员工发展专题研讨会。

Indicative Student Workload 学生工作量参考	Full Time 全日制	Part Time 业余
Contact Hours 面授学时	N/A	N/A
Non – Contact Hours 非面授学时	N/A	N/A
Placement/Work-Based Learning Experience [Notional] Hours 实习/实训【名义】学时	900	N/A
TOTAL 合计	900	N/A
Actual placement hours for professional, statutory or regulatory body 在专业、法定或监管机构的实际实习时间	900	

ASSESSMENT PLAN 考核方案

If a major/minor model is used and box is ticked, % weightings below are indicative only.

如果使用主修/辅修模型并勾选了方框，则下面的权重百分比仅供参考。

Component 1 第一部分

Type：类型	Coursework 课程作业	Weighting：权重	100%	Outcomes Assessed： 考核的学习成果	1，2，3，4，5
Description：说明	Employer assessment of performance 雇主绩效考核				

MODULE PERFORMANCE DESCRIPTOR 课程绩效标准

Explanatory Text 解释说明

The module is assessed by one component：C1-Coursework-100% weighting. Module Pass Mark = Grade D （40%）
本课程考核由一个部分组成。第一部分：课程作业 – 100% 权重。课程及格分数 = D 级（40%）

Module Grade 课程成绩	Minimum Requirements to achieve Module Grade：达到这一成绩的最低要求：
A	70% or above 70% 或以上
B	60% ~ 69%
C	50% ~ 59%
D	40% ~ 49%
E	35% ~ 39%
F	0% ~ 34%
NS	Non-submission of work by published deadline or non-attendance for examination 未在公布的截止日期前提交作品或未参加考试

Module Requirements 课程要求

Prerequisites for Module 预备课程	None. 无
Corequisites for module 辅助课程	None. 无
Precluded Modules 限修课程	None. 无

INDICATIVE BIBLIOGRAPHY 参考书目

1 DOWSON，P.，2015. Personal and professional development for business students. London：Sage.
2 FANTHOME，C.，2004. Work placement：a survival guide for students. Hampshire：Palgrave MacMillan.
3 MORGAN，P.，2017. The business student's guide to study and employability. London：Sage.

（五）海外学习课程标准

MODULE DESCRIPTOR 课程标准

Module Title 课程名称

Study Abroad 10 海外学习 10

Reference 课程编号	BS3348	**Version 版本号**	6
Created 开发日期	March 2019	**SCQF Level SCQF 等级**	SCQF 9

Approved 批准日期	July 2019	**SCQF Points SCQF 学分**	15
Amended 修订日期	July 2019	**ECTS Points ECTS 学分**	7.5

Aims of Module 课程目标

To enable students to participate in Erasmus and non-Erasmus Study Abroad opportunities with selected partner institutions of RGU. To undertake similar courses of relevant content and at the same level of the home course with equivalent credit. To allow RGU students to develop, alongside core knowledge and understanding, their employability skills by gaining the cultural, interpersonal, educational and social benefits of Study Abroad as part of their home qualification.

使学生能够到 RGU 选定的合作院校参与伊拉斯谟和非伊拉斯谟海外留学机会，以等量学分修读与本校课程同等水平的、内容相关的类似课程。让 RGU 学生通过海外学习，在文化、人际关系、教育和社会方面获得收益，除了收获核心知识和理解之外，还能培养他们的就业技能。本课程是学生国内学历的一部分。

Learning Outcomes for Module 课程学习成果

On completion of this module, students are expected to be able to:

完成该课程之后，学生应该能够：

1	Demonstrate an understanding / competence or other prescribed outcome of a pre-approved subject taught in a partner institution at SCQF Level 9 or equivalent. 在合作院校教授的约定课程中，展示出 SCQF 9 级或同等水平的理解力/能力或其他规定的学习成果。

Indicative Module Content 课程内容

The module content will be agreed by the relevant Course Leader in the subject areas provided by the approved study abroad partner institution in the learning agreement, prior to mobility.

本课程内容将在留学前经由学习协议中批准的海外留学合作机构提供的学科领域的专业负责人同意。

Module Delivery 课程教学方法

Module delivery will vary according to the pre-approved curriculum as provided by the host partner institution.

教学方法将根据承办合作机构提供的预先批准的课程而有所不同。

Indicative Student Workload 学生工作量参考	Full Time 全日制	Part Time 业余
Contact Hours 面授学时	36	N/A
Non-Contact Hours 非面授学时	114	N/A

Placement/Work-Based Learning Experience [Notional] Hours 实习/实训【名义】学时	N/A	N/A
TOTAL 合计	150	N/A
Actual placement hours for professional, statutory or regulatory body 在专业、法定或监管机构的实际实习时间		

ASSESSMENT PLAN 考核方案

If a major/minor model is used and box is ticked, % weightings below are indicative only.

如果使用主修/辅修模型并勾选了方框，则下面的权重百分比仅供参考。

Component 1 第一部分

Type：类型	Coursework 课程作业	Weighting：权重	100%	Outcomes Assessed： 考核的学习成果	1
Description：说明	The assessment plan will vary according to the host institution. Assessment could be any one of, or combination of, coursework, examination, oral assessment or practical assessment as designated by the host institution. The result is recorded as one component, with 100% weighting. 考核方案将因所在留学院校而异。考核可以是由主办机构指定的课程作业、考试、口头考核或实践考核中的任何一项或其组合。考核结果记录为一个组成部分，权重为100%。				

MODULE PERFORMANCE DESCRIPTOR 课程绩效标准

Explanatory Text 解释说明

The module is assessed by the host study abroad institution. This will vary according to the institution-students should seek the guidance of the Course/Programme Leader (or equivalent) at the host institution to identify assessment instruments. Host institutions will provide transcripts for the relevant number of modules undertaken during the study abroad period. Students will be expected to pass the module at the level specified at the host institution. Any grade or mark at the host institution at pass level or above will be recorded as "P" (Pass). Any grade or mark at the host institution at less than pass level will be recorded as "U" (Unsuccessful). Actual grades/marks and the relevant ECTS or local credits will be provided to the student via a transcript provided by the host institution.

该课程由承办留学机构进行考核。这将因学校而异——学生应寻求留学所在学校专业负责人（或同等人员）的指导，以确定考核工具。受访院校将提供学生留学期间相关课程的成绩单。学生应通过留学所在院校指定级别的课程考试。受访院校分数达到或超过及格水平将被记录为"P"（及格）。受访院校的分数低于及格水平将被记录为"U"（不及格）。实际成绩/分数和相关ECTS或当地学分将以承办院校提供的成绩单为准。

Module Grade 课程成绩	Minimum Requirements to achieve Module Grade: 达到这一成绩的最低要求:
Pass	Any grade or mark at the host institution at pass level or above. 所在院校的任何等级或分数为及格或以上。
Fail	Any grade or mark at the host institution at less than pass level. 所在院校的任何分数或分数低于及格水平。
NS	Non-submission of work by published deadline or non-attendance for examination 未在公布的截止日期前提交作品或未参加考试

Module Requirements 课程要求		
Prerequisites for Module 预备课程	None.	无
Corequisites for module 辅助课程	None.	无
Precluded Modules 限修课程	None.	无

ADDITIONAL NOTES 其他注意事项

Students will join cohorts in partner institutions which are at SCQF Level 9 or equivalent. This module will normally be delivered in English. Students wishing to undertake the module in the host language will only be allowed to do so if certified to do so at the appropriate level. Modules (sometimes called courses at partner institutions) may differ in credit size (hours) from the standard 7.5 ECTS; therefore students will be expected to achieve 30 ECTS per semester by successfully achieving the relevant number of modules at the host institution. (This could be more or less than the standard 4.) ECTS (or other local) credits awarded by the host institution will be shown on the transcripts provided by them. 30 ECTS (or local equivalent) will then be translated into the successful achievement of 4 Study Abroad modules.
学生将加入合作院校相当于 SCQF 9 级或同等水平的年级上课。本课程通常以英语授课。希望用东道国语言学习该课程的学生只有在获得相应级别的语言认证后才能这么做。课程的学分多少（学时）可能与标准的 ECTS7.5 学分不同；因此，通过在受访院校成功完成相关数量的课程，学生将有望每学期获得 ECTS30 学分。（这可能比标准的每学期 4 门课程多或少。）主办机构授予的 ECTS（或其他本地）学分将显示在他们提供的成绩单上。30 ECTS（或当地同等水平）将转化为 4 门留学课程的合格成绩。

INDICATIVE BIBLIOGRAPHY 参考书目	
1	This will be provided by the Study Abroad partner institution in which students study. 这将由学生所在的海外学习伙伴机构提供。

（六）个人与企业税务课程标准

MODULE DESCRIPTOR 课程标准

Module Title 课程名称

Personal and Business Taxation 个人与企业税务

Reference 课程编号	BS4113	**Version 版本号**	10
Created 开发日期	March 2019	**SCQF Level SCQF 等级**	SCQF 10
Approved 批准日期	July 2019	**SCQF Points SCQF 学分**	15
Amended 修订日期	July 2019	**ECTS Points ECTS 学分**	7. 5

Aims of Module 课程目标

To develop students' understanding of the principles, together with the rules of computation and compliance, with a view to evaluating these for decision making in relation to personal and business taxation. To develop students' understanding of the principles and scope of Value Added Tax.

培养学生对个人和企业税务相关原则以及计算与合规规则的理解，以期对这些原则进行评估，以便在个人和企业税务方面作出决策。培养学生对增值税的原则和范围的理解。

Learning Outcomes for Module 课程学习成果

On completion of this module, students are expected to be able to:

完成该课程之后，学生应该能够：

1	Evaluate the main principles of income tax and VAT. 评估所得税和增值税的主要原则
2	Undertake detailed income tax computations. 进行详细的所得税计算
3	Synthesise their knowledge to minimise and defer tax liabilities for individuals and unincorporated business. 综合他们的知识，尽量减少和推迟个人和非法人企业的纳税义务

Indicative Module Content 课程内容

Introduction to the tax system; administration; self assessment; duties and powers. Taxable persons; exempt income; allowances; computation of taxable income and income tax liability; payments and gifts eligible for relief; income from savings and investments; property income; pensions; national insurance; income from employment; income from self employment; nature and scope of trading; basis periods; capital allowances; trading losses; partnerships. Principles and scope of VAT; taxable persons; taxable, exempt and zero rated supplies; registration and deregistration; accounting for VAT; VAT Schemes; administration.

税收制度概论；行政管理；自我评估；职权。应税人员；免税收入；免税额；应纳税收入和所得税负债的计算；符合减免条件的付款和赠予；储蓄和投资收入；财产收入；养老金；国民保险；就业收入；自由职业收入；贸易性质和范围；基期；资本免税额；贸易损失；合伙关系。增值税的原则和范围；应税人员；应税、免税和零税率物资；登记和注销；增值税核算；增值税方案；管理。

Module Delivery 课程教学方法

Topics are introduced in the lectures and developed in tutorials for which students are expected to undertake directed independent learning.

在讲座中引入主题，并在个别辅导中发展主题，学生能够在一定的指导下进行自主学习。

Indicative Student Workload 学生工作量参考	Full Time 全日制	Part Time 业余
Contact Hours 面授学时	44	N/A
Non-Contact Hours 非面授学时	106	N/A
Placement/Work-Based Learning Experience [Notional] Hours 实习/实训【名义】学时	N/A	N/A
TOTAL 合计	150	N/A
Actual placement hours for professional, statutory or regulatory body 在专业、法定或监管机构的实际实习时间		

ASSESSMENT PLAN 考核方案

If a major/minor model is used and box is ticked, % weightings below are indicative only.

如果使用主修/辅修模型并勾选了方框，则下面的权重百分比仅供参考。

Component 1 第一部分

Type：类型	Examination 考试	Weighting：权重	100%	Outcomes Assessed：考核的学习成果	1，2，3
Description：说明	Closed book examination 闭卷考试				

MODULE PERFORMANCE DESCRIPTOR 课程绩效标准

Explanatory Text 解释说明

The module is assessed by one component：C1-Closed Book Examination-100% weighting. Module Pass Mark = Grade D（40%）

本课程考核由一个部分组成。第一部分：闭卷考试－权重 100%；课程通过分数＝D 级（40%）

Module Grade 课程成绩	Minimum Requirements to achieve Module Grade：达到这一成绩的最低要求：
A	70% or above 70%或以上
B	60%～69%
C	50%～59%
D	40%～49%
E	35%～39%

F	0%~34%
NS	Non-submission of work by published deadline or non-attendance for examination 未在公布的截止日期前提交作品或未参加考试

Module Requirements 课程要求		
Prerequisites for Module 预备课程	None.	无
Corequisites for module 辅助课程	None.	无
Precluded Modules 限修课程	None.	无

INDICATIVE BIBLIOGRAPHY
参考书目

1 MELVILLE, A., 2021. Taxation: Finance Act 2020. 26th ed. Harlow: Pearson Education.

四、RGU 荣誉学士学位会计与金融专业学生专业手册

COURSE SPECIFICATION: Student Learning Experience
专业人才培养方案：学生的学习体验
Bachelor of Arts with Honours [BA (Hons)] Accounting and Finance
会计与金融荣誉文学学士
STUDENT LEARNING EXPERIENCE
学生的学习体验

The Purpose of the University is:

（一）学校宗旨

- To be an innovative, inclusive, impactful, professionally-focused university.
- 成为一所创新、包容、有影响力、聚焦专业发展的大学

The Mission of the University is:

（二）学校使命

- To transform people and communities by providing demand-led teaching and research to contribute to economic, social and cultural development regionally, nationally and internationally.
- 通过提供需求导向的教学与研究来改变人们和社区，为区域、国家和国际的经济、社会和文化发展做出贡献。

The Aim of the University is:

（三）学校目标

- To extend the reach and relevance of learners' opportunities to gain employment and thrive in their professional career.

拓展学习者的就业范围和就业相关性，助力学生在职业生涯中发展顺利

- To ensure a high quality student experience.

确保就读本校的学生获得高质量的学习体验

- To grow the university's globally recognised impactful research.

促进大学开展全球公认的有影响力的研究

- To stimulate economic development and support organisations to be more successful.

刺激经济发展，支持组织机构取得更大成功

The University believes a professional education starts with excellent teaching and research within a supporting environment, and is about a lifelong and sustainable approach to working and living. The University's portfolio is informed by its commercial and public sector partners, who are instrumental in helping to develop courses to ensure their relevance for the evolving economy and society. Many include practical experience and placements, and are professionally accredited. These contribute to the University's position as one of the UK's top universities for graduate employment.

本校相信，专业教育始于在支持性的环境中开展卓越的教学与研究，事关探究终身的可持续发展的工作和生活方法。学校根据其商业及公共部门的合作伙伴提供的信息调整专业及课程，这些伙伴在协助专业开发、在确保专业课程与不断变化的经济和社会发展相契合方面，发挥了重要作用。很多专业都包括实践体验和实习安排，而且都经过专业认证。这些举措使我校成为英国毕业生就业率排行榜名列前茅的大学之一。

By combining the best of both academic and professional worlds, the University aims to give its students the best possible start to their careers. A degree from Robert Gordon University is confirmation to a future employer that a student will possess the required blend of learning, skills and experience.

通过学术与职业的充分融合，我校旨在为学生的职业生涯提供良好的开端。获得罗伯特高登大学的学位即获得未来雇主的认可，学生将获得未来职场所需的综合知识、技能和经验。

The philosophy of the course is aligned to the philosophy of the Aberdeen Business School and of the University as a whole-to deliver high quality graduates who are academically sound and are ready to make effective contributions to their employer.

本专业的理念与阿伯丁商学院以及罗伯特高登大学的理念相一致，即培养高质量毕业生，拥有较高

的学术水平，随时准备为其雇主做出有效贡献。

The course achieves this by giving students access to a wide range of academic accounting theory and practice, whilst also encouraging the development of strong inter-personal skills. The ability to deliver graduates of a high quality is also dependent upon the establishment maintaining professional and academic links to ensure material is kept up to date and remains relevant. Modules are therefore regularly reviewed and updated to reflect the latest academic research and the developments within the accounting and finance profession and thus ensure that the course content remains current.

为实现上述目标，本专业为学生提供广泛的会计学术理论与实践，同时鼓励学生培养较强的人际交往能力。让毕业生高水平毕业，有赖于学校与职业领域和学术领域保持联系，确保学习资料及时更新，并与职业保持相关。因此，会定期审查、更新课程模块，以反映学术研究的最新成果以及会计与金融职业的最新发展，从而确保专业内容保持最新。

TEACHING AND LEARNING STRATEGY

（四）教学策略

The course curriculum is designed to enable the student to acquire and develop their subject knowledge and understanding, intellectual and thinking ability, and practical key transferable skills at four levels corresponding to the Scottish Credit and Qualifications Framework. As the student progresses through the course they are encouraged to expand their understanding and critical appreciation of Accounting and Finance and to develop skills through the application of this knowledge in individual and group based activities. The opportunity to further develop skills is also available through the placement.

本专业的课程设计旨在使学生获得和发展对应苏格兰学分和资历框架四个等级水平的学科知识和理解、智力和思维能力、可转移的关键实践能力。随着学生的专业进步，我们鼓励学生拓展对会计和金融的理解能力和批判分析能力，并通过在个人和团体活动中应用这些知识来发展技能。还可以通过实习安排来进一步培养能力。

A wide range of teaching and learning strategies are used to enable the students to cope with the academic requirements of the course. Through the implementation of techniques such as group work, workshops, computer labs, case studies and oral presentations a learning community is created where students learn from each other, as well as learning from staff. The course also adopts innovative teaching practices whenever possible such as:

采用诸多教学策略使学生能够符合专业的学术要求。通过实施如小组工作、研讨会、计算机实验室、案例研究、口头报告等方法，创建学习社区，学生可以相互学习，也可向老师请教。本专业也尽可能采用创新的教学方法，例如：

- The use of trade fair for students to present their business ideas and receive feedback from industry experts
- 利用行业博览会，让学生展示他们的商业创意，并从行业专家那里获得反馈

- Introduction to cloud accounting software from accounting professionals working in practice
- 由会计从业人员介绍云会计软件
- Use of Sage labs for students to develop practical work based skills
- 利用 Sage 实验室培养学生基于工作的实践技能

When considered appropriate for the students' teaching and learning experience, lecture capture technology is used with the ability to live stream lectures. Students also learn through traditional methods such as lectures, tutorials, and private study. The involvement of the student in the learning process ensures the development of interpersonal skills and professional attitudes as well as analytical, critical and evaluative skills.

为让学生有更好的教学体验，采用讲座捕捉技术进行直播。学生也可通过传统的学习方法学习，如讲座、辅导、自学等。学生积极参与学习过程，确保学生具备人际交往技能、职业态度，以及分析、评论和评价的能力。

Deep learning is fostered by providing the student with access to lecture and seminar materials online through the University's online learning environment, Campus Moodle. This reduces the quantity of note taking needed in class and thus allows students more time to focus on understanding and digesting information. Throughout the course the student is encouraged to take an increasing amount of responsibility for their own learning, supported by both group and personal tutorials.

学校在线学习系统 Campus Moodle 为学生提供在线讲座和研讨会材料来辅助其深度学习。这样可以减少课堂上的笔记量，从而让学生有更多的时间专注于理解和消化课堂信息。在整个专业学习过程中，我们鼓励学生在小组和个别辅导的支持下，对自己的学习承担更多的责任。

Theoretical content is key to the successful student and is taught at all stages of the course. Students are required to understand strategies, theory, rules and computational methods and to demonstrate their understanding. In addition, students are required to apply this knowledge in a practical context and evaluate the importance of the theory.

理论知识是学生获得成功的关键，在专业的各个阶段都会讲授。学生要理解策略、理论、规则和计算方法，并展示他们已理解的内容。此外，学生还要将这些知识应用到实践中，并评估理论的重要性。

At Stage One the student acquires theoretical knowledge and understanding of core areas of management and accounting together with the key professional skills that they will require for their study and future career.

第一阶段（大一），学生要掌握管理和会计的理论知识，了解管理和会计的核心领域，掌握学习和未来职业发展所需的关键职业技能。

At Stage Two the student will be expected to assume more responsibility for their own learning, as the emphasis in learning moves from knowledge towards reflection and critical application of information and ideas.

第二阶段（大二），学生要为自己的学习承担更多的责任，因为学习的重点从知识学习转向对信息和概念的反思及批判性应用。

At Stage Three the student on the placement route will develop their knowledge, understanding and critical appraisal skills in a practical work context. The learning at this stage is clearly student centered; however it is supported both by the work-based supervisor and the Aberdeen Business School Placement tutor. In addition they will undertake two distance learning modules. For the student following an academic route, they will be expected to assume more responsibility for their own learning, as they undertake study of more advanced topics in which the emphasis in learning develops from reflection to critical application of information and ideas and evaluation.

第三阶段（大三），参加实习的学生将在实际工作环境中培养其知识、理解和批判性评估技能。这个阶段的学习显然是以学生为中心的，但实习单位的主管和阿伯丁商学院的实习指导教师都会对其提供支持。此外，学生还要上两门远程学习的课程。选择学术路径的学生，将为自己的学习承担更多的责任，如研究更高级的课题，在这些课题中，学习的重点从反思发展到对信息、概念和评价的批判性应用。

At Stage Four, the student is expected to take an active role in the management of their learning and exhibit a high degree of autonomy in achieving learning outcomes. The student responsibility for their learning is further enhanced through student facilitated group discussions and group exercises. Within these activities the student is encouraged to further develop their critical and evaluative skills as well as their interpersonal and key transferable skills.

第四阶段（大四），学生将在学习管理中发挥积极作用，并在达成学习成果方面表现出高度的自主性。通过小组讨论和小组练习，学生对学习的责任感得到进一步加强。在这些活动中，我们鼓励学生进一步发展其批判能力、评价能力、人际交往能力和可转移的关键能力。

The student is supported by a range of Learner Support Systems, ranging from Head of Stages, to academic and professional support from course tutors and from the Study Skills and Access Unit.

学生将获得学习者支持系统（Learner Support Systems）的系列支持，这些支持来自各学段主任，来自专业导师的学术和职业方面的支持，以及来自学习技能入门科（the Study Skills and Access Unit）。

ASSESSMENT

（五）考核评价

The assessment methods are designed to support the teaching and learning strategy. The assessment will follow University guidelines and will in particular:

考核方法是为了支持教学和学习策略而设计的。考核将遵循学校的基本准则，尤其是考核要能够：

- ensure the achievement of learning outcomes
- 确保学生达成学习成果

- provide feedback to students on a timely basis, assisting in guiding future learning
- 为学生提供及时的反馈，协助指导其未来的学习
- motivate students to undertake work of a high standard
- 激励学生高标准开展工作
- provide opportunities for communication between staff and student and between student and peers
- 提供师生或生生间沟通交流的机会
- demonstrate the maintenance of appropriate standards
- 展示出保持了适当的标准

Each module includes assessment relevant to the learning outcome associated with the module and the module descriptor clearly displays this. The assessment could be one or more of a variety of forms of assessment including:

每门课程包括与课程学习成果相关的考核评价，课程标准（课程描述文件）对课程考核进行了清晰的描述。考核评价可以是下列形式中的一种或多种，包括：

- Individual coursework
- 个人课程作业
- Group based output in the form of a report and/or a presentation
- 以小组为单位的报告和/或汇报展示
- Class based test
- 以班级为单位的测验
- Closed book examinations
- 闭卷笔试
- Case based report
- 案例报告

The assessment of many modules on the course includes a closed book examination. This is a requirement for accreditation and exemptions granted by professional accounting bodies.

该专业许多课程考核均采取闭卷考试的方式，这是专业会计机构学分认证和免试的要求。

For students undertaking a placement, performance is assessed by the student's direct supervisor within the host placement organisation.

对于实习的学生，其成绩由实习生所在实习单位的直接主管进行评定。

Assessment management

（六）考核管理

All assessments are moderated internally within the department responsible for setting the assessments and all assessments which contribute to an exit degree are sent to the appropriate external examiner for comment. External examiner comments are considered and adopted as appropriate and confirmation returned to the external examiner.

所有考核由负责考核的系部进行内部审核；所有有关获得毕业学位的考核应提交给外部审查员征求意见。考虑和采纳外部审查员的合理意见，并将确认采纳的结果会反馈给外部审查员。

In accordance with University policy, a sample of all coursework and examinations are double marked to maintain consistency of marking and a sample of all assessments which contribute to an exit degree is sent to the external examiner for comment prior to grades being submitted for approval by the Assessment Board. All assessments are marked in accordance with a marking scheme.

根据学校政策，所有课程作业及考试试卷均会被抽样并复核评分以保持评分的一致性；所有有关获得毕业学位的考核样本，在成绩提交给考核委员会批准前会先发给外部审查员征求意见。所有的考核按照评分方案来打分。

Grades

（七）成绩

The University has developed a Grading Scheme for assessment purposes, details of which may be accessed by visiting www. rgu. ac. uk/academicaffairs/assessment/page. cfm? pge = 2295

我校基于考核目标制定了一套成绩分级方案（a Grading Scheme），详情可浏览下列网页：www. rgu. ac. uk/academicaffairs/assessment/page. cfm? pge = 2295

It is important to note that all grades indicated to students during the course of the academic session are provisional until the deliberations of the Assessment Board for the course. Provisional grades are presented to this Board, which consists of academic staff involved in the programme delivery as well as External Examiners, and a final decision is confirmed on the performance of every student for each module undertaken by them. This is subsequently confirmed to each student electronically on the Student Portal.

值得注意的是，每个学期在授课过程中显示给学生的成绩，在专业考核委员会完成审议之前，都是暂定的。学生暂定的成绩会提交给该委员会，该委员会由参与专业教学的教师及外部审查员组成；每门课程的最终成绩由该委员会根据学生在每门课程中的表现决定。随后，该成绩会在学校网站学生端（the Student Portal）以电子方式跟学生确认。

Feedback on assessments

（八）考核反馈

Following the release of assessment marks, students can contact the module co-ordinator to gain additional feedback on their assessment to inform future assessment performance. Students can access the University's Ask Me platform to arrange a meeting time with the relevant member of staff.

在考核成绩公布后学生可与课程负责人联系获得对其考核情况的更多反馈，以便更好地了解其将来的考核绩效。学生可以访问学校的 Ask Me 网络平台，预约与相关老师的会面时间。

SUPPORT FOR TEACHING，LEARNING AND ASSESSMENT

（九）对教学、学习和考核的支持

The University provides a number of means of supporting teaching and learning：

学校提供多种方式支持教师的教学和学生的学习：

- student induction organised on a course or School basis；

以专业或学院为基础，组织学生入学教育；

- an ongoing scheme of personal/pastoral support for students，including online support，such as Silvercloud，provided by the Inclusion Centre；an extensive programme of student study skills delivered through the Study Skills and Access Unit and the Library；

为学生提供持续进行的个人及生活支持计划，包括“融入中心”（Inclusion Centre）提供的 Silvercloud 网上支持；通过学习技能入门科（the Study Skills and Access Unit）及图书馆为学生提供学习技巧等课程；

- an extensive library of learning resources；

丰富的图书馆学习资源；

- close collaboration with industry and professional，statutory and regulatory bodies；

与行业、专业、法定及监管机构紧密合作；

- the University's active participation in the Quality Assurance Agency's Quality Enhancement Themes，www. enhancementthemes. ac. uk/；

学校积极参与英国高等教育质量保障署的“质量提升计划”，网页链接如下：

www. enhancementthemes. ac. uk/；

- support for staff from the Department for the Enhancement of Learning，Teaching and Access（DELTA），including credit rated teaching，learning and assessment provision；

学校“学习、教学与入门促进处”（DELTA）为教职工提供支持，包括学分制教学、学习及考核等内容；

- RGU Learning and Teaching Framework which forms a template to produce adaptable and skilled graduates equipped for the opportunities and challenges of their future professional careers.

罗伯特高登大学教学框架，形成了一个人才培养模式：培养适应能力强、技能熟练的毕业生，能够应对未来职业生涯可能遇到的机遇和挑战；

- extensive opportunities for student placements with companies or organisations，academic overseas exchange programmes，and support for entrepreneurial activity；

为学生提供在企业或机构实习参与海外交流计划的诸多机会，并对学生的创业活动给予支持；

- support from the Employability Team，including online advice and information via the RGU e-Hub；

来自就业团队的支持，如通过 RGU e-Hub 提供在线咨询和信息；

- CampusMoodle，http：//campusmoodle. rgu. ac. uk/，the University's dedicated virtual learning environment;

通过 CampusMoodle 平台，http：//campusmoodle. rgu. ac. uk/，即学校专用的虚拟学习系统为学生提供支持；

- a commitment to knowledge exchange and technology transfer through focused research activity, which contributes to the critical underpinning for all taught courses;

承诺通过重点研究活动进行知识交流和技术转让，为所有教学型专业奠定重要基础；

- the expanding provision of state-of-the-art, purpose-built facilities and buildings.

扩大提供最先进的、专门建造的设施和建筑。

Course specific support is provided for students enrolling on the course. Support is available within each module from the teaching team. In addition, course support is provided in a number of ways including:

为注册该专业的学生提供专业特有支持服务。每门课程的教学团队都会提供支持。此外，提供专业支持的方式还包括：

- an induction at the start of each taught stage to provide course and study information;

在每个教学阶段开始时的入学教育都会为学生提供有关专业和学习的信息；

- a designated Head of each stage to provide academic and pastoral support.

每个学习阶段指定的负责人提供学术和生活方面的支持。

MONITORING OF QUALITY AND STANDARDS

（十）质量和标准的监督

The University employs several mechanisms for evaluating and improving the quality and standards of teaching, learning and assessment, including:

学校采用多种机制评估和改善教、学及评价的质量和标准，包括：

- Annual Course/Programme Appraisals are prepared for each course and reviewed and approved by Course/Programme Management Teams and School Academic Boards which consider, amongst other things, feedback generated from student questionnaires;

对每个专业，每年都会进行年度专业评估，经专业管理团队及学院学术委员会审核及批准。在诸要素之中，他们还会考虑学生调查问卷所反馈出来的信息；

- Institution-Led Subject Review, involving external panel members, on a six-yearly basis to formally review its major subject provision, followed by at three year interim review to monitor progress against actions/issues raised through the review process;

由机构主导、外部委员会成员参与的学科评估，每六年进行一次，对学科教学的主要内容做正式审查，然后于第三年进行中期审查，以监督在审查过程中提出的行动或问题整改的进展；

- External Examiner Annual Reports;

外部审查员年度报告；

- Ongoing liaison with industrial/professional liaison groups.

与业界或专业联络小组持续保持联络沟通。

Formal Committees with responsibility for monitoring and evaluating quality and standards:

负责监督和评估教学质量和标准的正式委员会:

- Staff/Student Liaison Committees, or equivalent;

教职工/学生联络委员会或同等机构;

- Course/Programme Management Teams;

专业管理团队;

- School Academic Boards;

学院学术委员会;

- Assessment Boards;

考核委员会;

- Quality Assurance and Enhancement Committee and associated Sub-Committees.

质量保证和提升委员会及相关下设分支委员会。

In addition to the University mechanisms listed, it should be noted that the majority of faculty teaching core accounting modules are members of professional accounting bodies which have requirements for compulsory continuing professional development. This ensures that members are kept up to date with current developments, emerging issues and best practice.

除了上述学校层面的机制外,应注意的是,大部分教授会计专业核心课程的教师都是专业会计团体的成员,而这些专业团体对成员的继续教育专业发展有强制性要求。这也保证了各成员与时俱进地了解当前的发展、前沿问题和最佳做法。

FEEDBACK FROM STUDENTS

(十一) 学生反馈

The University and RGU Union work in partnership to create an environment which stimulates:

罗伯特高登大学与各方伙伴联合工作,创造环境,以促进:

- the participation of students, by empowering them to proactively provide views and opinions;

学生的参与,授权他们主动提出意见和观点;

- a supportive learning community where students and staff engage in meaningful dialogue; and

构建一个支持性的学习社区,学生和老师可在其中进行有意义的对话;

- the engagement of students in the design of solutions and enhancements.

学生参与设计解决问题和改进的方案。

This approach is underpinned by the Student Partnership Agreement which promotes the ethos of partnership at all levels of the University. Further information can be found at the Student Representation and Partnership CampusMoodle Area:

www. rgu. ac. uk/studentpartnership.

这种方法以学生伙伴关系协议为基础，该协议在大学的各个层次上促进了伙伴的合作精神。进一步的信息可以在 CampusMoodle 平台的学生代表和合作伙伴区域找到：www. rgu. ac. uk/studentpartnership。

There are a variety of opportunities for students to provide feedback to the University, and to become actively involved in shaping their learning experience. These opportunities are integral to the University's approach to the quality assurance and enhancement of teaching and learning, and the holistic student experience. Mechanisms through which students are engaged and supported include:

学生有各种各样的机会向学校提供反馈，也可以积极参与到学习体验的形成过程中。这些机会是我校确保教学质量、提升教学及学生整体体验不可或缺的一部分。服务和支持学生的机制包括：

- participation in Student Experience Questionnaires (SEQ) and where relevant the National Student Survey (NSS);

参与学生体验调查问卷（SEQ）和相关的全国学生调查（NSS）；

- staff/student liaison arrangements at course/programme level;

专业层面师生联络安排；

- support for Student Representatives;

对学生代表的支持；

- student representation on Institution-Led Subject Review Panels and Validations;

机构主导的学科评估审核工作小组当中的学生代表席位；

- student representation on key University committees.

学校主要委员会的学生代表席位

Student Representatives are appointed for each stage of the course. Student representatives meet with the relevant Head of stage each semester to discuss their learning experience and are encouraged to be proactive in raising any issues in order that these can be addressed.

专业的每个学习阶段都指定了学生代表。学生代表每学期都与相关学段的负责人会面，负责人与学生代表讨论学习体验，鼓励其主动提出任何问题，以期解决这些问题。

RGU-Teaching and Assessment

五、RGU 荣誉学士学位会计与金融专业教学与考核

Each term has a block of 12 weeks of teaching and you will study 3 or 4 modules per term. Each module has approximately 3 hours of class teaching per week. While there are variations between modules, most consist of a lecture delivered to the entire class supported by tutorials delivered to smaller groups. Your course resources will be available on CampusMoodle, our Virtual Learning Environment (VLE) and will enhance your learning experience and keep you up-to-date with coursework and assignments.

每学期有 12 周的教学，学生每学期学习 3 到 4 门课程。每门课程每周大约有 3 小时的课堂教学。虽然各门课程之间存在差异，但大多数课程都包括向全班讲授的课程，以及向小组提供的辅导课程。学生的专业学习资源将在学校虚拟学习环境（VLE）CAMPUSMOODLE 上提供，这些资源将增强学生的学习体验，并使学生及时了解课程作业和任务安排。

ACTIVITY SUMMARY 活动摘要

Year 4/第 4 年

Lectures-approximately 110 students per group, approximately 8 hours per week

讲座 - 每组约 110 名学生，每周约 8 小时

Tutorial-approximately 35 students per group, 6 hours per week

辅导 - 每组约 35 名学生，每周 6 小时

INDEPENDENT STUDY 独立学习

In addition to lectures and tutorials you will spend approximately 26 hours per week outside of class working on your own. For example undertaking prescribed reading, preparing answers to tutorial assignments or researching and writing course assignments.

除了讲座和辅导之外，学生每周还要花大约 26 个小时在课外自学。例如，进行规定的阅读，准备辅导任务的答案或完成专业的研究和写作任务。

FEEDBACK 反馈

We aim to provide you with feedback within 20 working days of hand-in for all written exams, coursework and practical exams.

学校的目标是在所有笔试、课程作业和实践考试提交后的 20 个工作日内为学生提供反馈。

STAFF DELIVERING ON THIS COURSE 本专业师资队伍

All of our accounting staff are professionally qualified and have substantial experience working within industry or professional practice. In our Honours year, all staff on the accounting modules are Chartered Accountants, many of whom qualified with a Big Four firm: Deloitte, Ernst & Young, KPMG and Pricewaterhouse Coopers.

本专业所有的会计教师都具有专业资格，并具有丰富的行业或专业实践经验。在我们的荣誉学年（大四），所有讲授会计课程的老师都是特许会计师，其中许多人在德勤、安永、毕马威和普华永道四大事务所取得有专业资格。

Many members of staff are Fellows of the Higher Education Academy, with several members currently working towards this qualification or towards achieving Senior Fellow status. This is a professional recognition of lecturer practice, impact and leadership in teaching and learning.

许多教职员工是高等教育学院的研究员，目前有几名成员正在努力取得这一资格或取得高级研究员的资格。这是对讲师在教学中的实践、影响力和领导力的专业认可。

We also regularly invite industry professionals to deliver guest lectures or provide hands on support in the classroom.

学校还定期邀请行业专业人士进行客座讲座或在课堂上提供操作支持。

ASSESSMENT 考核

Typically students are assessed each year：通常每年对学生进行考核：

Year 1/第 1 年

7 written exams，typically for 2 hours/7 次笔试，通常为 2 小时

1 written assignment，including essays/1 份书面作业，包括论文

1 report/1 份报告

1 group critique/1 次小组评论

1 class test/1 次课堂测试

1 module has ongoing class tests/1 门课有随堂测试

Year 2/第 2 年

7 written exams，typically for 2 hours/7 次笔试，通常为 2 小时

1 coursework/1 次课程作业

1 group presentation/1 次小组演示

4 class tests/4 次课堂测试

Year 3（placement route）/第 3 年（实习路线）

1 written exam for 2 hours/1 次笔试，2 小时

2 written assignments，including essays/2 份书面作业，包括论文

Year 3（continuing students）/第 3 年（续读学生）

4 written exam，typically for 2－3 hours/4 次笔试，一般为 2～3 小时

3 written assignments，including essays/3 份书面作业，包括论文

1 report/1 份报告

1 group presentation/1 次小组演示

1 group critique/1 次小组评论

1 class test/1 次课堂测试

Year 3 （direct entrant route）/第三年 （直读路线）

5 written exam, typically for 2 – 3 hours/5 次笔试，一般为 2 ~ 3 小时

3 written assignments, including essays/3 份书面作业，包括论文

1 report/1 份报告

2 group presentations/2 次小组演示

4 class tests/4 次课堂测试

Year 4/第 4 年

7 written exam, typically for 2 – 3 hours/7 次笔试，一般为 2 ~ 3 小时

2 written assignments, including essays/2 份书面作业，包括论文

1 report/1 份报告

ACADEMIC SUPPORT 学术支持

The Inclusion Centre advises and supports students who disclose a sensory or mobility impairment, chronic medical condition, mental health issue, dyslexia and other specific learning differences. Applicants are encouraged to arrange a pre-entry visit to discuss any concerns and to view the facilities.

“融入中心”为那些有感觉或行动障碍、慢性疾病、心理健康问题、有诵读困难和其他特殊学习差异的学生提供建议和支持。鼓励申请人安排入学前的参观，讨论有关问题，并参观相关设施。

ONLINE LEARNING & SUPPORT

在线学习与支持

All undergraduate and postgraduate students, whether you are learning on-campus or by online distance learning, benefit from using our collaborative virtual learning environment, CampusMoodle. You will be provided with 24/7 online access to your learning material and resources, along with the ability to interact with your class members and tutors for discussion and support.

所有本科生和研究生，无论是在校园里学习还是通过在线远程学习，都会受益于学校协同虚拟学习环境 CampusMoodle。学校将为学生提供 24/7 在线学习材料和资源，以及促进学生与班级成员和导师互动讨论和寻求支持。

STUDY SKILLS SUPPORT 学习技能支持

The Study Support Team provides training and support to all students in:

“学习支持团队”为所有学生提供以下领域的培训和支持：

Academic writing/学术写作

Study skills（note taking, exam techniques, time management, presentation）/学习技能（记笔记、考

试技巧、时间管理、演讲）

Maths and statistics/数学和统计学

English language/英语

Information technology support/信息技术支持

LIBRARY SUPPORT 图书馆支持

The Library offers support for your course, including the books, eBooks, and journals you will need. We also offer online reading lists for many modules, workshops and drop-ins on searching skills and referencing, and much more.

图书馆为学生的专业学习提供支持，包括您需要的书籍、电子书和期刊。我们还提供许多课程的在线阅读列表，举办关于搜索技巧和文献参考的研讨会、接待来访，等等。

第三章

高职院校英文专业教学标准开发指南

［本章导读］

国内高职院校研制开发英文版或其他语言版本专业教学标准的目的，一是方便国外院校了解国内院校人才培养目标规格及课程标准的内涵，促进国际理解与沟通；二是方便国内学校开展国际学分互认和专业衔接升学，促进学生国际交换学习；三是方便学校开展国际学历学位评估认证，提供国际通用的人才培养方案、课程标准与考核方案。

本章依据《教育部关于职业院校专业人才培养方案制定与实施工作的指导意见》以及教育部《高等职业学校专业教学标准》基本框架，参照英、美、澳等职业教育发达国家高校专业教学标准格式，提出了高职院校制定英文版专业人才培养方案、专业教学计划、课程简介及课程标准的参考格式，为计划开发英文版专业标准的院校提供了参考指南。

本章内容一是给出每一种教学标准文件的参考格式，二是给出每部分内容的填写建议，方便各院校自主构建校本的国际化专业教学标准体系。

一、专业人才培养方案参考格式

Course Specification for Diploma of __________ in Higher Vocational Education

高等职业教育________专业人才培养方案（大专层次）

（一）专业名称及代码

Title and Code of the Course

说明：本栏目对照教育部高等职业教育现行专业目录规范表述。

（二）入学要求

Entry Requirements

说明：本栏目填写高等职业学校学历教育入学要求，一般为高中阶段教育毕业或具有同等学力。

（三）修业年限

Duration

说明：本栏目填写学生在校学习的时限。大专层次以 3 年为主，可以根据学生灵活学习需求合理、弹性安排学习时间。

（四）职业面向

Targeted Profession

说明：本栏目可以表格的形式呈现本专业所属专业大类（专业类）及代码，本专业所对应的行业、主要职业类别、主要岗位类别（或技术领域）、职业技能等级证书、社会认可度高的行业企业标准和证书举例。

（五）培养目标

Aims of the Course

说明：本栏目填写高职院校根据自身办学层次和办学定位，参照国家专业教学标准，科学合理确定本专业人才培养目标。

（六）学习成果

Learning Outcomes of the Course

说明：本栏目填写本专业毕业生应具备的素质、知识和能力等方面的要求，应将本专业所特有的，有别于其他专业的职业素养要求纳入。学习成果的句式示例如下：

When completing the program, graduates are expected to be able to:

本专业学生毕业生，应能够：

- Requirements for knowledge 知识要求
- Requirements for competence 能力要求
- Requirements for quality 素质要求

（七）结构与内容/课程设置

Structure and Content of the Course

说明：本栏目从内容上来讲主要包括公共基础课程和专业（技能）课程，应准确描述各门课程的课程目标、主要内容和教学要求，落实国家有关规定和要求，增强可操作性。从结构上来讲，尽可能按学年列出课程安排。体例示例如下：

Year 1：

第一学年

Year 2：

第二学年

Year 3：

第三学年

（八）教学方法

Methods of Teaching and Learning

说明：本栏目主要介绍本专业采取的主要教学方法，尤其是提升学生专业能力和实践操作能力的教学方法。

（九）考核评价方法

Methods of Assessment

说明：本栏目主要介绍本专业学习成果评价的方式方法。

（十）教学设施与专业特色

Facilities and Special Features

说明：本栏目主要介绍本专业配备的教室、校内、校外实习实训条件、与专业机构合作关系等专业特色亮点等。

（十一）升学路径

Education Pathway

说明：本栏目主要介绍学生完成学业后的升学路径，比如专科毕业升本科或硕士课程或者参加专业资格证书学习的机会。

（十二）就业路径

Employment Pathway

说明：本栏目主要介绍学生在校期间实习的机会以及毕业后的就业机会。

以上为课题组根据教育部关于《职业院校专业人才培养方案参考格式及有关说明》，同时参照英国、美国、加拿大等应用技术大学人才培养方案格式及填制要点，研制的高等职业院校大专层次英文版人才培养方案核心要素及每个要素内容的填写要点。高职院校可以结合本校专业特点，制定学校特色专业人才培养方案模板。这里需要说明的是，尽管我们强调人才培养方案的国际通用性，但是在通用要素指标中体现出中国特色、地方特色及学校特色的内容也是很重要的。关键在于如何应用当前国际先进职业技术教育理论，结合学校及地方实践，做出积极的尝试并取得特色成果。

二、专业教学计划参考格式

专业教学计划（Module Catalogue），也称课程计划，是课程设置的整体规划，它规定了不同课程类型相互结构的方式，也规定了不同课程在管理学习方式的要求及其所占比例。同时，对学校的教学、生产劳动、课外活动等做出全面安排，具体规定了学校设置的学科、课程开设的顺序及学时学分的分配，并对学期、学年、假期进行划分。教学计划决定着教学内容总的方向和总的结构。教育部《职业院校专业人才培养方案参考格式及有关说明》使用“教学进程总体安排”来包含教学计划的内容，并指出：教学进程是对本专业技术技能人才培养、教育教学实施进程的总体安排，是专业人才培养方案实施的具体体现。建议以表格的形式列出本专业开设课程类别、课程性质、课程名称、课程编码、学时学分、学期课程安排、考核方式，并反映有关学时比例要求。

课题组根据教育部规定的“教学进程表”，借鉴欧美发达国家应用技术大学的专业教学计划格式，制定一个对接国际标准的高职院校专业教学计划表模板，供高职院校开发国际版本教学计划参考，以表格形式分学年（学期）列出本专业开设课程的性质（必修课/选修课）、课程名称、课程编码、学时学分、学期安排等要素，具体格式见表 3－1。

表 3－1　专业教学计划表（Module Catalogue）

Item No. 序号	Module Code 课程编码	Module Title 课程名称	Credits 学分
Year 1 第一学年			
Required Credits 必修学分			
1			
2			
……			
Optional Credits 选修学分			
……			
Year 2 第二学年			
Required Credits 必修学分			
……			
Optional Credits 选修学分			
……			
Year 3 第三学年			
Required Credits 必修学分			

续表

Item No. 序号	Module Code 课程编码	Module Title 课程名称	Credits 学分
……			
Optional Credits 选修学分			
……			
TOTAL CREDITS 总学分			

说明：以上格式仅供参考。各学校可以根据自己学校教学管理实际，制定本校特色的教学计划表。在与国外大学进行专业对接的时候，有一个一目了然的专业教学计划表，比较容易让国际伙伴快速了解学校的课程结构与进程安排。

三、课程简介参考格式

高职院校在专业或者课程层面开展国际交流合作，国际合作伙伴通常会在人才培养方案和教学计划的基础上，要求中方院校提供相应的课程简介，以快速了解课程的基本内容。因此，学校制定英文版或其他语言版本的课程简介还是十分必要的。

（一）课程简介要素

课程简介是对一门课程的目标、内容、教学方法等课程信息的简要介绍。课程简介一般包括课程编码、课程名称、课程学分、课程学时分配（周学时、课程周数）、课程主要内容与要求简介等要素。举例如下：

ACC3111 管理会计

2 学分　　2 学时　　18 周

本课程包括预测决策会计、规划控制会计与责任会计的基本理论和内容。学生通过本课程的学习，学会如何运用企业内部财务信息和非财务信息，预测经济前景、做出经济决策、规划经营方针、控制经营过程和考评责任业绩。

（二）示例分析

示例分析：

（1）课程编码。为了方便学校对课程进行信息化管理，学校一般都会给课程进行编码。课程编码的规则学校可以自行确定，编码位数一般控制在 7～8 个字符，有效的课程编码能让教学管理人员、教师、学生快速检索到相关课程信息。图 3－1 示例中课程编码为：ACC3111，其中前三位英文 ACC 为学科代码，代表会计（Accounting）学科，后四位数字代码 3111，第一个数字代表开课的学年度、第二个数字代表开设的学期，第三位和第四位数字代表课程在专业课程体系里面的序号。3111 代表该门课程是在第三学年第一学期开课，是专业课程体系里面序号为 11 的课程。

（2）课程名称。图 3－1 示例中课程名称为 Management Accounting，管理会计。这里提示两点：一是注意课程名称的国际通用性，要能透过名称基本了解课程的学科性质和主要内容；二是注意课程名称要尽量简短。

（3）课程学分：2 credits，表示管理会计这门课程是 2 学分。

（4）学时分配：2hours，18weeks 表示这门课程周学时是 2 个学时，教学周数是 18 周。

（5）课程内容与要求简介：简单介绍课程包含的主要内容以及学生学完课程后能够在知识和能力方面得到的总体提升。有的也包括课程的主要教学方法与特色。

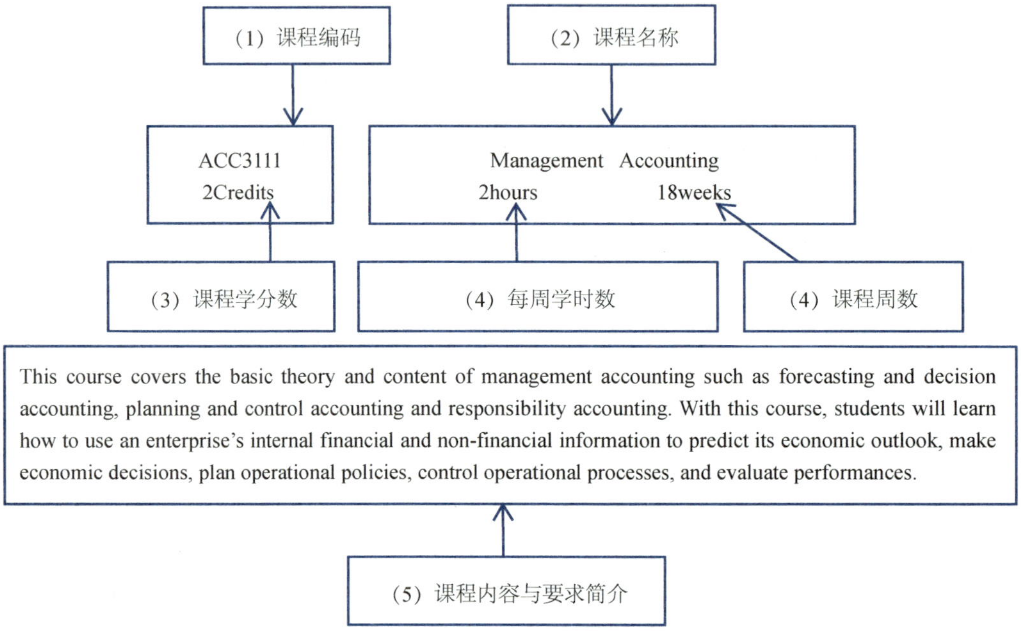

图 3－1　课程简介示例

以上是课程简介的一个参考格式，各学校可以结合本校实际，编制具有校本特色的课程简介格式，但上述核心要素应当具备。

如果中外院校合作涉及专业衔接与课程学分互认，那么国外院校往往还会要求国内院校提交具体的课程标准，以详细了解该门课程的学习成果、主要内容、教学方法、考核方法、成绩评定标准等内容，这就需要我们制定规范的课程标准。

四、课程标准参考格式

课程标准是以纲要的形式规定有关课程教学目标、教学内容、教学方法、考核方法的标准性文件，规定了知识与能力的范围、深度和结构，教学方法的基本要求，是教师进行教学的直接依据，也是衡量课程教学质量的重要标准。课程标准的构成要素一般包括：课程类别、课程名称、课程代码，学时学分、预修课程、适用专业、开课部门、课程目标（学习成果）、教学内容与要求、教学方法、考核方案、参考书目。这里特别强调一下制定课程标准的过程中一定要关注本课程对专业人才培养的总体目标和学习成果的支撑，注意二者的关系。以下是课程标准的参考格式。

Module Specification 课程标准

All items with a star（＊）cannot be changed without approval.

所有带＊标记的栏目未经批准不得删改

FACULTY＊ 院系名称	此栏填写课程所属二级学院或教学系部的名称
FIELD＊ 专业名称	此栏填写课程所属专业名称
MODULE TITLE＊课程名称	此栏填写课程规范名称，与人才培养方案及教学计划表中规定名称相一致

MODULE CODE ＊	**CREDIT VALUE＊**	**CO-ORDINATOR**
课程编码	学分	课程负责人

PRE-REQUISITES＊： 先修课程：本栏填写为学习该课程必须提前修读的课程名称。

CO-REQUISITES＊： 并修课程：本栏填写需要与该课程同期修读的课程名称。

DESCRIPTION＊： 课程简介：简述课程的主要内容与要求。

OVERALL AIM（S）FOR THE MODULE ＊： 课程总体目标：本栏简要描述完成课程之后学生应该达到的总体的知识、能力、素养水平。

LEARNING OUTCOMES＊： 学习成果

说明：本栏目要简要描述学生成功完成该课程学习后在知识、能力、素养方面能够达到的具体水平。填写本栏目内容需要注意以下三点：一是要关注本专业的人才培养定位，使本课程学习成果与专业人才培养方案、培养目标和要达成的知识能力素养等学习成果要求之间要保持一致，能够支撑专业人才培养目标；二是要注意学习成果最好不要描述成具体的知识点或能力点，要体现学习成果的综合性；三是建议每一个标准下面的具体要求控制在 1 ~ 3 条，便于课程考核管理。本栏目描述常见的句式如下：

On successful completion of the module students will be able to：

学生成功完成本课程学习后应该能够……

Knowledge and Understanding 知识与理解

Subject-specific Skills 专业技能

Professional Qualities 职业素养

填写职业素养一栏内容时，注意所填写的职业素养一定要与本课程直接相关，后面有教学内容及方法能够落实规定职业素养的养成，而且在考核环节能够体现对职业素养的考核与评价。

INDICATIVE CONTENT: 教学内容：本部分内容填写也是要注意教学内容的综合性，尽量减少特别具体的知识点或者技能点的描述，注意业务知识的范围和专业能力的综合性。

This course comprises (but not limited to) the following major topics:

本课程包括但不限于以下主要内容：

ASSESSMENT STRUCTURE * : 考核结构。本栏目要简介考核项目（形式）、每种考核形式占课程总成绩的比重、每种考核方式要检测的是哪些学习成果。这里要特别注意，考核的目的是检测学生是否达成了预期的学习成果，所以不能只列举考核项目，如出勤、课堂提问、作业、期中考试、期末考试及各自的比重，一定要注意考试项目与学习成果之间的关系。

Assessment Items 考核项目	Weighting 权重	Learning Outcomes 考核的学习成果

ASSESSMENT CRITERIA: 考核标准：该部分可以参考学校统一的评分等级管理体系（如果有），如果学校没有统一的评分系统，每门课程要制定自己的评分标准、成绩等级体系及及格标准。尤其是对不同考核形式的评分标准、成绩标准要进行规定，作为评价学生学习结果的依据。

APPROVAL/REVIEW DATES: 批准/审核日期：课程标准作为学校的教学管理规范文件，应该标注版本和学校教学管理部门的批准日期。

Version：版本

Date of approval：批准日期

以上为课题组根据所属学校课程标准参照格式，同时参照英国、美国、加拿大等应用技术大学课程标准格式及填制要点，研制的高等职业院校课程标准核心要素及每个要素内容的填写要点。高职院校可以结合学校课程特点，制定学校特色课程标准模板。

五、专业教学标准术语中英文对照

为了方便高职院校开发英文版本的专业教学标准，课题组特别选取了常用的英文短语，编制了专业教学标准常用专业术语表（见表3－2）。这里采用的是英式英语的用词，英式英语和美式英语在一些关键术语方面存在的差异还是很大的。比如对于“专业”这个术语，英式英语会使用 Course 或 Program，美式英语则用 Major 来表示“专业”。在美式英语中，Course 通常指的是“课程”，而在英式英语中，“课程”经常用“Module”（模块）或“Unit”（单元）来表达。国内高职院校教师在阅读职业教育英文文献时，一定要关注这些关键术语内涵范围的不同。

表 3－2　专业教学标准常用专业术语中英文对照表（英式英语）

No.	English	中文
1	Program/Course	专业
2	Program/Course specification	专业人才培养方案
3	Core components of program/course specification	专业人才培养方案核心要素
4	Title and code of program/Course	专业名称及代码
5	Entry requirements	入学要求
6	Admission criteria	招生录取标准
7	Duration	修业年限
8	Targeted profession	职业面向
9	Aims of the course	专业人才培养目标
10	Learning outcomes of the course	专业学习成果
11	Knowledge and Understanding	知识与理解
12	Skill	技能
13	Competence	能力
14	Structure and content of the course	专业课程结构与内容
15	Faculty	师资队伍
16	Facilities	教学设施
17	Resources	教学资源
18	Approaches to/ Method of teaching and learning	教学方法
19	Assessment of learning outcome	学习成果评价
20	Module Catalogue	教学计划（课程计划）
21	Quality management	质量管理
22	Graduate profile	毕业要求
23	Module/Unit	课程
24	Module specification/descriptor	课程标准
25	Module title	课程名称
26	Aims of the module	课程目标
27	Learning outcomes for the module	课程学习成果
28	Indicative module content	课程内容
29	Module delivery	课程教学
30	Student workload	学生工作量
31	Assessment plan	考核方案
32	Assessment criteria	考核标准
33	Module performance descriptor	课程绩效标准
34	Module requirements	课程要求
35	Indicative bibliography	参考书目

第四章

北京财贸职业学院会计（注册会计师）专业教学标准

[本章导读]

本章依据第三章课题组研制的英文版大专层次专业标准参考格式，选取北京财贸职业学院贯通培养三年制会计（注册会计师）专业，展示了该专业中英文专业人才培养方案、专业教学计划、专业课程简介、专业课程标准，以此来展示作为高职院校专业和课程建设国际化的基础教学文件应包含哪些内容。各院校可以结合本校专业标准化改革发展的进程，简化或者丰富本校相关标准的要素及内涵。需要指出的是，由于学校贯通外培项目与国外大学开展专业衔接和课程学分认可的时间要求，我们简化了人才培养方案和课程标准的要素及内容，读者在开发校本英文版专业教学标准时，可以根据本校实际扩展或延伸一些要素描述。

一、会计（注册会计师）专业人才培养方案英文

Course Specification for Diploma of Accounting（Certified Public Accountant）

1. Title and Code of the Course

Accounting（Certified Public Accountant）(630302)

2. Entry Requirements

Candidates holding General Certificate of Secondary Education upon successful completion of the high school education, are required to pass the entry examination for progression pathway provided by the Beijing College of Finance and commerce.

3. Duration

3 Years Full-time

4. Targeted Professions

Job Roles	Qualifications	Accredited by
Accountant	Entry Level Certificate for Accounting Qualification	China's Ministry of Finance
Audit Assistant	Pass the examination for certain Level I modules required by ACCA.	The Association of Chartered Certified Accountants (ACCA)
Chief Accountant Financial Manager	Management Accountant	China Association of Chief Financial Officers

5. Aims of the Course

Accounting Profession requires a range of transferable skills, including quantitative, analytical and decision-making skills, and perceptive abilities. On this diploma program students will develop a good understanding of accounting and the environment in which it operates, and the ability to apply a wide range of accounting skills and audit competencies, including the ability to prepare financial reports, audit financial reports, interpret complex information and integrate theory with practice. What's more, students will learn supervisory and management skills that will give them the confidence to take on more challenges in the workplace.

6. Learning Outcomes of the Course

When completing the program, students are expected to be able to:

Requirements for Knowledge. Master the basic knowledge and theory of accounting, accounting standards, auditing standards, related economic law, tax law and other laws and regulations, and know the achievements and latest trends in this field.

Requirements for Competence. Be eligible for critical thinking and professional judgment, conduct accounting for the business transaction, prepare financial reports, proficiently operate accounting and office software, and carry out tax calculation, declaration and payment, be familiar with auditing standards, complete the general procedures of auditing financial statement items, and boast their ability to comprehensive knowledge application and problem-solving.

Requirements for Quality. Have professional ethics without committing accounting fraud, the professional quality of being careful and rigorous, and the capacity for team work, collaboration and communication, undertake high social ethics and responsibility, and with a broad international perspective.

7. Structure and Content of the Course

Year 1: Basic Skills in Accounting, Accounting Basics, Accounting Culture, Enterprise Accounting I, Database Application.

Year 2: Enterprise Accounting II, Cost Accounting for Manufacturing Industry, Enterprise Taxation Practice I, Principles of Economics (Bilingual), Principles of Management (Bilingual), Economic Law, Enterprise Taxation Practice II, Simulation of Business Operation.

Year 3: English for Finance and Economics, Application of Excel to Financial Accounting, Applications of Financial Software, Management Accounting, CPA Auditing I, Experiencing Financial Sharing in Enterprise,

Financial Management (Bilingual), Financial Statement Analysis (Bilingual), CPA Auditing II, Comprehensive Practice for Accounting Positions, Practical Training in Professional Context, Fundamentals of Statistics.

Methods of Teaching and Learning

For this program students can expect taught study to be a combination of lectures, seminars, workshops, practical simulation, or work placement which usually consist of 30 contact hours per week.

Methods of Assessment

A wide variety of assessment strategies are used, including examinations, simulations, presentations and group activities.

Facilities and Special Features

- Close relationships with local companies and work-based learning content and process
- Students are encouraged to take advantage of the optional placement periods during the study
- Relating learning to professional qualifications
- Practical learning environment equipped with updated hardware and software
- Proven student support system

Education Pathway

Graduates may go forward with bachelor or master of science or arts in accounting, finance or management.

Employment Pathway

Excellent career opportunities are available for graduates holding an Accounting diploma, especially those that will be part professionally qualified. This program will prepare students for work in any of the key accounting fields of auditing, financial accounting, management accounting, budgeting and taxation. A career in accounting offers you the flexibility to work in industry, commerce, the public sector or even private practice.

二、会计（注册会计师）专业人才培养方案中文

1. 专业名称及代码

会计（注册会计师）(630302)

2. 入学条件

学生完成高中阶段教育，取得高中毕业证书，并通过北京财贸职业学院组织的转段入学考试。

3. 修业年限

3年全日制

4. 职业面向

职业岗位	技能/职业资格	颁发机构
会计	会计初级资格证书	中国财政部
助理审计	通过中国注册会计师协会 ACCA 第一级别的科目考试	中国注册会计师协会（ACCA）
主管会计 财务经理	管理会计师	中国总会计师协会

5. 培养目标

会计行业要求掌握一系列可迁移的技能，包括定量分析能力、决策能力和感知能力。该将培养学生对会计行业及其运营环境的良好理解，以及应用广泛的会计技能和能力，包括准备财务报告、阐释复杂资料和理论联系实际的能力。此外，学生还将学习监督管理技能，以应对未来工作场合的更多挑战。

6. 学习成果/培养规格

本专业毕业生应达到以下水平：

（1）知识要求：系统掌握会计学的基础知识和专业基础理论；掌握会计准则及相关经济、税法等法律法规制度；了解会计专业领域主要研究成果和最新研究动态。

（2）能力要求：具备独立思考能力与职业判断能力，能对经济业务进行会计核算，编制财务报告；能熟练操作常用会计软件及办公软件；能进行税款计算、申报与缴纳。熟悉国际会计惯例，能处理复杂国际会计业务；具备综合应用知识、解决问题的能力。

（3）素质要求：具备诚信的职业道德，不做假账；具备认真严谨的专业素质，良好的团队沟通与协作；具备良好的社会道德及社会责任感；具有宽广的国际视野。

7. 课程设置

第一学年：会计基础、会计基本技能、会计文化、企业会计（一）、数据库应用。

第二学年：企业会计（二）、制造业成本核算、企业纳税实务（一）、经济学基础（双语）、管理学基础（双语）、经济法、企业纳税实务（二）、模拟企业经营。

第三学年：财经英语、EXCEL 财务会计应用、财务软件应用、管理会计、CPA 审计（一）、企业财务共享体验、财务管理（双语）、财务报表分析（双语）、CPA 审计（二）、会计岗位综合实训、专业实训、统计学基础。

8. 教学方法

该专业采取授课、研讨会、讲座、模拟实训、顶岗实习等多种学习方式，一般每周 30 学时面授时间。

9. 评价方法

采用多种评价策略，包括考试、模拟、演示汇报、小组活动等。

10. 设施与特色

- 紧密的校企合作关系，基于工作的学习内容与流程
- 学生能够在学习期间选择合适的实习机会
- 课证融合
- 良好的实训环境，配备先进的软硬件
- 良好的学生支持系统

11. 升学路径

学生可以在财会或管理专业领域进一步深造学士学位或硕士学位课程。

12. 就业路径

持有会计专业大专文凭，尤其是取得职业资格证书的毕业生会有非常好的就业机会。本专业培养学生未来在关键会计领域，如审计、财务会计、管理会计、预算与税务等领域内工作做好准备。会计工作可以使学生具备在工业、商业、公共服务及私有部门工作的灵活性。

三、会计（注册会计师）专业教学计划英文

Diploma of Accounting (Certified Public Accountant) Module Catalogue

Item No.	Module Code	Module Title	Credits
Year 1			**15**
Required Credits			15
1	ACC1210	Accounting Basics	4
2	ACC1111	Basic Skills in Accounting	2
3	ACC1112	Accounting Culture	2
4	ACC1214	Enterprise Accounting I	4
5	DBA2101	Database Application	3
Year 2			**22**
Required Credits			22
6	ACC2114	Enterprise Accounting II	4
7	ACC2115	Cost Accounting for Manufacturing Industry	3
8	ACC2116	Enterprise Taxation Practice I	3
9	ECN1113	Principles of Economics (Bilingual)	3
10	MNG2110	Principles of Management (Bilingual)	2
11	LAW2102	Economic Law	3
12	ACC2216	Enterprise Taxation Practice II	2
13	MNG2216	Simulation of Business Operation	2
Year 3			**33**
Required Credits			31
14	ENG3106	English for Finance and Economics	2
15	ITA2207	Application of Excel to Financial Accounting	3
16	ACC2210	Applications of Financial Software	3
17	ACC3111	Management Accounting	2
18	ACC3105	CPA Auditing I	2
19	ACC3209	Experiencing Financial Sharing in Enterprise	2
20	ACC2209	Financial Management (Bilingual)	3
21	ACC3208	Financial Statement Analysis (Bilingual)	2
22	ACC3205	CPA Auditing II	2
23	ACC3210	Comprehensive Training for Accounting Positions	4
24	ACC3211	Professional Training in Professional Context	3
25	STC3210	Fundamentals of Statistics	3
Optional Credits		Sector Accounting Electives	2
TOTAL CREDITS			**70**
1. Choose 2 credits from the following list:			
26	ACC3112	Banking Business Accounting	2
27	ACC3113	Non-profit Organization Accounting	2

四、会计（注册会计师）专业教学计划表中文

序号	课程代码	课程名称	学分
第一学年			**15**
必修课			15
1	ACC1210	会计基础	4
2	ACC1111	会计基本技能	2
3	ACC1112	会计文化	2
4	ACC1214	企业会计（一）	4
5	DBA2101	数据库应用	3
第二学年			**22**
必修课			22
6	ACC2114	企业会计（二）	4
7	ACC2115	制造业成本会计	3
8	ACC2116	企业纳税实务（一）	3
9	ECN1113	经济学基础（双语）	3
10	MNG2110	管理学基础（双语）	2
11	LAW2102	经济法	3
12	ACC2216	企业纳税实务（二）	2
13	MNG2216	模拟企业经营	2
第三学年			**33**
必修课			31
14	ENG3106	财经英语	2
15	ITA2207	EXCEL 财务会计应用	3
16	ACC2210	财务软件应用	3
17	ACC3111	管理会计	2
18	ACC3105	注册会计师审计（一）	2
19	ACC3209	企业财务共享业务体验	2
20	ACC2209	财务管理（双语）	3
21	ACC3208	财务报表分析（双语）	2
22	ACC3205	注册会计师审计（二）	2
23	ACC3210	会计岗位综合实训	4
24	ACC3211	职业岗位情境实训	3
25	STC3210	统计学基础	3
选修课		行业会计选修课	2
专业课总学分			**70**
1. 行业会计选修 2 学分：			
26	ACC3112	银行业务会计核算	2
27	ACC3113	非营利组织会计核算	2

五、会计（注册会计师）专业课程简介英文

Diploma of Accounting (Certified Public Accountant) Module Description

ACC1210 Accounting Basics

4 credits 4 hours 18 weeks

This module helps students understand basic theories and methods about accounting. Students will be equipped with basic professional skill of accounting. With this module, students can comprehensively know about the accounting work, master the basic methods and procedures of manual accounting and understand the professional ethics of accounting.

ACC1111 Basic Skills in Accounting

2 credits 2 hours 18 weeks

This module mainly deals with the Chinese abacus operations of addition, subtraction, and multiplication, as well as Chinese Yuan (CNY) money counting. With this module, the students will know about the traditional Chinese abacus culture and become proficient in money counting. Students will also learn how to identify counterfeit banknote, small keyboard typing skills, and other methods of accounting operations.

ACC1112 Accounting Culture

2 credits 2 hours 18 weeks

This module mainly demonstrates the basic content and history of accounting both at home and abroad. This module will help students learn about big events, figures and classic writings during the development of accounting discipline and the history of Lixin accounting brand.

ACC1214 Enterprise Accounting I

4 credits 4 hours 18 weeks

This module is the core module of the accounting profession. Its main contents include basic accounting theory, assets, liabilities, owner's equity, income, expenses, profits, and financial statements. This module enables students to develop a systematic understanding of the six major elements of accounting.

DBA2101 Database Application

3 credits 3 hours 18 weeks

This module is a compulsory module for the program of CPA. It mainly involves the basic principle and application of database, and lays the foundation for data management and processing for the subsequent professional modules.

ACC2114 Enterprise Accounting Ⅱ

4 credits 4 hours 18 weeks

This module is a compulsory module for the program of CPA. With this module, students will develop a systematic understanding of the accounting of liabilities, owner's equity, income, expenses, profit and statements. Furthermore, students will develop basic professional capability to carry out accounting business in enterprises and industries and prepared for subsequent core modules of the program.

ACC2115 Cost Accounting for Manufacturing Industry

3 credits 3 hours 18 weeks

This module covers basic principles and methods of cost accounting. With this module, students will learn how to collect and allocate costs of production, calculate costs of products, prepare and analyze costing reports.

ACC2116 Enterprise Taxation Practice Ⅰ

3 credits 3 hours 18 weeks

This module will help students understand the basic elements of taxation system, the specific legal provisions of the current tax categories in China, and specific tax declaration procedure for each tax category. Students will be skilled at calculating the amount of tax payable, following accounting procedures and making tax declaration in accordance with legal requirements.

ECN1113 Principles of Economics (Bilingual)

3 credits 3 hours 18 weeks

This module mainly provides students with basic economic principles, tools, methods and policies. This module will help students learn skills in analyzing economic phenomenon in real life and making wise economic decisions.

MNG2110 Principles of Management (Bilingual)

2 credits 2 hours 18 weeks

This module includes the basic principles of management. It helps students understand the basic functions of management such as decision-making, planning, organization, leadership and control. This module aims to broaden students' managerial horizons and cultivate their managerial skills in planning, organizing, leading and controlling. This module will be delivered in bilingual languages of Chinese and English.

LAW2102 Economic Law

3 credits 3 hours 18 weeks

This module covers the basic system of economic laws including corporate law, consumer rights protection law, product quality law, contract law, and tax law. With this module, students will learn how to apply specific economic laws to protect the rights and interests of their own or their organizations, and properly deal with the economic relations with relevant parties.

ACC2216　Enterprise Taxation Practice II

2 credits　2 hours　18 weeks

This is the core module of the accounting major. It mainly covers the tax declaration procedures for various categories of tax existing in China with emphasis on filling in the forms of tax declaration. With this module, students are expected to qualify for the taxation positions in the finance departments of different types of organizations, and complete tax declaration in accordance with legal requirements.

MNG2216　Simulation of Business Operation

2 credits　2 hours　10 weeks

This module is a comprehensive simulation of business management. With this module, students will learn how to manage marketing, production, finance, human resource, teamwork and performance appraisal, and learn how to view business and operations from a strategic perspective.

ENG3106　English for Finance and Economics

2 credits　2 hours　18 weeks

This module covers specific vocabulary of finance, economy, and accounting in English. With this module, students will learn international practices in fields of finance and economy and be able to communicate in English with international counterparts.

ITA2207　Application of Excel to Financial Accounting

3 credits　3 hours　18 weeks

This module integrates computer operating, financial accounting, management methods and systems with Excel as an operating platform. It combines Excel with the basic procedures for financial accounting in an organic and scientific manner. With this module, students will learn how to collect and analyze financial data through Excel applications.

ACC2210　Applications of Financial Software

3 credits　3 hours　18 weeks

This module covers the basic knowledge about accounting computerization in dealing with general ledger, cash, financial statements, salary and fixed assets. With this module, students will be skilled in dealing accounting and financial management with specific software application system.

ACC3111　Management Accounting

2 credits　2 hours　18 weeks

This module covers the basic theory and content of management accounting such as forecasting and decision accounting, planning and control accounting and responsibility accounting. With this module, students will learn how to use an enterprise's internal financial and non-financial information to predict its economic outlook, make economic decisions, plan operational policies, control operational processes, and evaluate performances.

ACC3105　CPA Auditing I

2 credits　4 hours　9 weeks

This module focuses on the composition of audit supervision system, the basic concepts of audit, audit methods and process for auditing financial statements. This module enables students to understand the basic concepts of audit, master audit methods and processes, and learn how to prepare preliminary audit working papers.

ACC3209　Experiencing Financial Sharing in Enterprise

2 credits　4 hours　10 weeks

This module provides students with the basic concept of financial sharing services, division of duties, responsibilities for positions, and process of forming a financial sharing center. This module allows students to apply the information system of a financial sharing service center to implement core businesses at a financial sharing services center.

ACC2209　Financial Management (Bilingual)

3 credits　3 hours　18 weeks

This module covers the time value of funds, funds-raising, investments, cost of capital, capital structure and dividend distribution. With this module, students will learn the basic concepts of financial management and master the ability to manage an enterprise from the perspective of finance.

ACC3208　Financial Statement Analysis (Bilingual)

2 credits　2 hours　18 weeks

This module will help students learn how to process, analyze, compare and evaluate data provided in the financial statements of listed companies. This module will enable students to judge an enterprise's financial situation and its management.

ACC3205　CPA Auditing II

2 credits　4 hours　9 weeks

This module aims to develop students' ability to collect audit evidence, prepare working papers and make simple professional judgments. With this module, students can complete the audit of financial statements of small and medium-sized enterprises.

ACC3210　Comprehensive Training for Accounting Positions

4 credits　　8 hours　　10 weeks

This module will provide students opportunities to deal with accounting business cases from existing companies. With this module, students will experience different accounting positions, follow accounting procedures and other work procedures, and apply professional skills and information technology. Upon completion of this module, students will be skilled in dealing with comprehensive accounting activities.

ACC3211　Practical Training in Professional Context

3 credits　　6 hours　　10 weeks

This module exposes students to real work process, norms and methods in such fields like business, finance and taxation in industrial enterprises. Students will familiarize themselves with business process, clarify the work responsibilities of business, finance and tax-related posts, and move business forward according to the work process for different posts, and carry out accounting, tax declaration and annual review of enterprises.

STC3210　Fundamentals of Statistics

3 credits　　3 hours　　18 weeks

This module helps students master statistical methods for collecting, analyzing and interpreting data. It covers the basic concept and principles of statistics. With this module students will be able to apply statistical methods to analyze practical economic and managerial problems.

ACC3112　Banking Business Accounting

2 credits　　2 hours　　18 weeks

This module focuses on basic accounting principles and accounting methods for the core banking business. With this module, students will learn how to master accounting methods for banking businesses.

ACC3113　Non-profit Organization Accounting

2 credits　　2 hours　　18 weeks

This module focuses on professional accounting for government and non-profit organizations. This module mainly includes fiscal budget accounting, accounting for institutional and administrative organizations. With this module, students will learn how to apply the basic theories and methods of accounting to funds management for non-profit organizations, and learn how to calculate and manage the fiscal funds for governments.

六、会计（注册会计师）专业课程简介中文

ACC1210　会计基础

4 学分　4 学时　18 周

本课程主要学习会计的基本理论与方法，培养学生最基本的会计职业能力。通过本课程的学习，学生能全面地了解会计工作，熟练地掌握手工操作方式下会计核算的基本程序和方法，理解和体会会计的职业特点和会计人员的职业道德。

ACC1111 会计基本技能

2 学分　2 学时　18 周

本课程主要学习珠算点钞等基本操作方法。通过本课程的学习和实训，使学生了解我国传统珠算文化，熟练掌握点钞、识别伪钞、小键盘盲打等操作技能。

ACC1112　会计文化

2 学分　2 学时　18 周

本课程主要介绍国内外会计文化的基本内涵及发展历史，通过本课程使学生了解会计学科发展过程中的重大事件、重要人物和经典著作以及立信会计品牌发展的历史。

ACC1214　企业会计（一）

4 学分　4 学时　18 周

本课程是会计专业的核心课程。其主要内容包括基本会计理论、资产、负债、所有者权益、收入、费用、利润和财务报告。本课程使学生对六大会计要素有系统的了解。

DBA2101　数据库应用

3 学分　3 学时　18 周

数据库应用课程是必修课，主要涉及数据库基本原理及应用操作，为后续职业课程中涉及的数据管理和处理技能要求奠定基础。

ACC2114　企业会计（二）

4 学分　4 学时　18 周

本课程是会计专业的必修课。通过本课程的学习，学生对负债、所有者权益、收入、费用、利润和报表有系统了解。学生具备从事企业会计、行业会计的基本职业能力，并为后续专业的核心课程学习做好准备。

ACC2115　制造业成本会计

3 学分　3 学时　18 周

本课程涵盖成本会计的基本原理和方法。通过学习本课程，学生将学习如何归集和分配生产费用，

如何计算产品成本，如何编制和分析成本报告。

ACC2116　企业纳税实务（一）

3 学分　3 学时　18 周

本课程将帮助学生了解税收制度的基本要素、我国现行各税种的具体法律规定，以及各税种的纳税申报程序。学生能熟练计算应纳税额，进行会计处理，并按照法律要求进行纳税申报。

ECN1113　经济学基础（双语）

3 学分　3 学时　18 周

本课程主要学习经济学的基本原理、工具、方法和政策。本课程将帮助学生掌握分析现实生活中的经济现象和做出明智的经济决策的技能。

MNG2110　管理学基础（双语）

2 学分　2 学时　18 周

本课程包括管理学的基本原理。帮助学生了解管理的基本功能，如决策、计划、组织、领导和控制。本课程旨在拓展学生的管理视野，培养学生在计划、组织、领导和控制方面的管理技能。本课程将以中英文双语授课。

LAW2102　经济法

3 学分　3 学时　18 周

本课程涵盖公司法、消费者权益保护法、产品质量法、合同法、税法等经济法基本体系。通过学习本课程，学生将学习如何运用具体的经济法律来保护自己或自己组织的权益，妥善处理与有关各方的经济关系。

ACC2216　企业纳税实务（二）

2 学分　2 学时　18 周

本课程是会计专业的核心课程。主要内容是我国现行各税种纳税申报的流程，重点是纳税申报表的填写。通过本课程的学习，学生能从事各单位财务部门办税岗位工作，能准确填制纳税申报表及按照法律要求进行纳税申报。

MNG2216　模拟企业经营

2 学分　2 学时　10 周

本课程是对企业经营管理的全方位展现。通过本课程学习，使学生切身体验企业的营销管理、生产管理、财务管理、人力资源管理、团队协作、绩效考核的实务操作，学会用战略的眼光看待企业的业务和经营。

ENG3106　财经英语

2 学分　2 学时　18 周

本课程涵盖金融、经济、会计等专业英语词汇。通过本课程的学习，学生将熟悉金融经济领域的国际实践，能够用英语与国际同行进行交流。

ITA2207 Excel 财务会计应用

3 学分　3 学时　18 周

本课程以 Excel 为操作平台，集计算机操作、财务会计、管理方法和制度于一体。本课程将 Excel 与财务会计基本处理程序有机地、科学地结合在一起。通过本课程的学习，提高学生运用 Excel 应用程序采集和分析财务数据的能力。

ACC2210 财务软件应用

3 学分　3 学时　18 周

本课程涵盖会计电算化关于处理总账、现金、财务报表、工资和固定资产的基本知识。通过本课程的学习，学生能够熟练运用具体的软件应用系统进行会计处理和财务管理。

ACC3111 管理会计

2 学分　2 学时　18 周

本课程包括预测决策会计、规划控制会计与责任会计的基本理论和内容。学生通过本课程的学习，学会如何运用企业内部财务信息和非财务信息，预测经济前景、做出经济决策、规划经营方针、控制经营过程和考评责任业绩。

ACC3105 注册会计师审计（一）

2 学分　4 学时　9 周

本课程重点介绍了审计监督体系的构成、审计的基本概念、审计方法和财务报表审计过程。通过本课程的学习，使学生了解审计的基本概念，掌握审计的方法和流程，学习编写简单的审计工作底稿。

ACC3209 企业财务共享业务体验

2 学分　4 学时　10 周

本课程介绍财务共享服务的基本概念、职责分工、岗位职责以及财务共享服务中心的建设过程。本课程可以让学生在金融共享服务中心应用金融共享服务中心信息系统完成核心业务。

ACC2209 财务管理（双语）

3 学分　3 学时　18 周

本课程包括资金的时间价值、筹资、投资、资本成本、资本结构和股利分配。通过本课程的学习，学生将学习财务管理的基本概念，掌握从财务角度管理企业的能力。

ACC3208 财务报表分析（双语）

2 学分　2 学时　18 周

本课程将帮助学生学习如何处理、分析、比较和评估上市公司财务报表中提供的数据。本课程将帮助学生判断企业的财务状况及其管理状况。

ACC3205　注册会计师审计（二）

2 学分　4 学时　9 周

本课程旨在培养学生收集审计证据、准备工作底稿和做出简单专业判断的能力。通过本课程的学习，学生可以完成对中小企业财务报表的审计。

ACC3210　会计岗位综合实训

4 学分　8 学时　10 周

本课程培养学生处理真实公司会计业务的能力。通过本课程的学习，学生遵循会计程序和其他工作程序，应用专业技能和信息技术，体验不同的会计岗位。通过本课程的学习，学生将能够熟练地处理综合会计业务。

ACC3211　职业岗位情境实训

3 学分　6 学时　10 周

本课程的培训内容是体验真实企业业务、财务和税务岗位的工作过程、工作规范和工作方法。让学生熟悉业务流程，明确业务、财务和税务岗位的工作职责，能够根据各岗位的工作流程办理业务，并完成企业的会计业务、纳税申报和年检。

STC3210　统计学基础

3 学分　3 学时　18 周

本课程帮助学生掌握数据收集、分析和解释的统计方法，涵盖了统计学的基本概念和原理。通过学习本课程，学生将能够应用统计方法来分析实际的经济和管理问题。

ACC3112　银行业务会计核算

2 学分　2 学时　18 周

本课程主要学习银行核心业务的会计基本理论和核算方法。通过本课程的理论和实训学习，学生能够掌握银行各项核心业务的会计核算方法。

ACC3113　非营利组织会计核算

2 学分　2 学时　18 周

本课程着重于政府和非营利组织的专业会计。本课程主要包括财政总预算会计、事业单位会计和行政单位会计。通过本课程的学习，能够使学生将会计基本理论和方法应用到非盈利资金管理领域，全面掌握政府财政资金的会计核算和管理。

七、会计（注册会计师）专业课程标准

（一）会计基础课程标准英文

BCFC-Module Specification

All items with a star（ * ）can not be changed without approval.

FACULTY *	Lixin School of Accounting
FIELD *	Accounting （Certified Public Accountant）
MODULE TITLE *	Accounting Basics

MODULE CODE *	CREDIT VALUE *	CO-ORDINATOR
ACC1210	4	WANG Zhihui

PRE-REQUISITES * : None

CO-REQUISITES * : None

DESCRIPTION * :

This module helps students understand basic theories and methods about accounting. With this module, students can comprehensively know about the accounting work, master the basic accounting procedures and understand the professional ethics of accounting.

OVERALL AIM(S) FOR THE MODULE * :

- This module addresses and appraises the basic principles, methods and elements of accounting, and thus provides the basis for further study in this field for those students who wish it.
- This module will enable students to understand and analyze financial statements.

LEARNING OUTCOMES * :

On successful completion of the module students will be able to:

Knowledge and Understanding

A. Master the basic concepts of accounting, elements of accounting, setting of accounts and their relationships;

B. Master the basic principles of double-entry bookkeeping system and the basic procedures and methods of accounting entries;

C. Master accounting documents, accounting books, accounting statements, accounting cycles and procedures;

D. Become familiar with accounting organizations and related laws and regulations;

Subject-specific Skills

E. Record accounts of daily businesses of enterprises;

F. Prepare financial statements;

G. Do accounting business in compliance with related laws and regulations;

Professional Qualities

H. Apply professional ethics of "honesty, integrity, discipline, and no fraud".

INDICATIVE CONTENT * :

This module comprises (but not limited to) the following major topics:

- Functions, methods, concepts, objectives and assumptions of accounting
- Accounting elements and accounting equation
- Account and journal entry
- Bookkeeping methods
- Business transactions under double entry bookkeeping
- Source documents and books of prime entry
- Ledger
- Accounting cycle
- Assets checking and bookkeeping
- Financial statements

ASSESSMENT STRUCTURE * :

Assessment Items	Weighting	Learning Outcomes
Attendance	20%	H
Assignments	20%	B, C, E, F, G
Classroom Activities	10%	A, B, C, D, E, F, H
Paper Test	50%	A, B, C, D, E, F, G, H

ASSESSMENT CRITERIA:

Generic framework assessment criteria will apply. Students will have to demonstrate sufficient knowledge and understanding, and relevant practical skills in this module specification in order to pass this subject.

APPROVAL/REVIEW DATES:

Version: 1

Date of approval: July 5, 2019

（二）会计基础课程标准中文

北京财贸职业学院课程标准

带（＊）的项目未经允许不得删改

院系名称＊	立信会计学院
专业名称＊	会计（注册会计师）
课程名称＊	会计基础

课程编码 ＊	学分＊	课程负责人
ACC1210	4	王智慧

先修课程＊：无

并修课程＊：无

1. 课程描述＊

本课程帮助学生了解会计的基本理论和方法。通过本课程的学习，学生可全面了解会计工作，掌握会计基本程序，了解会计职业道德。

2. 课程总目标＊

- 本课程主要介绍和评价会计学的基本原理、基本方法和基本要素，为有兴趣的学生进一步在本领域学习提供基础。
- 通过本课程的学习，学生可以理解并分析财务报表。

3. 学习成果＊

通过本课程的学习，学生将能够：

知识与理解：

（1）掌握会计的基本概念、会计要素、会计科目设置及其关系；

（2）掌握复式记账系统的基本原理和会计分录的基本程序和方法；

（3）掌握会计凭证、会计账簿、会计报表和财务处理程序；

（4）熟悉会计组织机构和相关的法律法规；

专业技能：

（5）记录企业日常经济业务的会计分录；

（6）编制财务报表；

（7）按照相关法律法规进行会计核算；

职业素养：

（8）恪守“诚信为本，操守为重，遵循准则，不做假账”的职业道德。

4. 课程内容＊

本课程包括但不限于以下主要内容：

- 会计的职能和方法、会计的概念和目标、会计基本假设
- 会计要素与会计等式
- 会计科目与账户
- 会计记账方法
- 复式记账法下经济业务的账务处理
- 会计凭证和会计账簿
- 分类账
- 账务处理程序
- 财产清查
- 财务报表

5. 考核结构＊

考核项目	权重	学习成果
出勤	20%	(8)
作业	20%	(2) (3) (5) (6) (7)
课堂活动	10%	(1) (2) (3) (4) (5) (6) (8)
期末考试	50%	(1) (2) (3) (4) (5) (6) (7) (8)

6. 考核标准

本课程适用学校考核标准的通用框架。学生必须展示出本课程标准所要求的足够的知识和理解，以及相关的实践技能，才能通过本课程。

7. 批准/审核日期

版本：1.0

批准日期：2019 年 7 月 5 日

（三）企业会计（一）课程标准英文

BCFC-Module Specification

All items with a star（ * ）can not be changed without approval.

FACULTY *	Lixin School of Accounting
FIELD *	Accounting（Certified Public Accountant）
MODULE TITLE *	Enterprise Accounting I

MODULE CODE *	**CREDIT VALUE** *	**CO-ORDINATOR**
ACC1214	4	HeYunhai

PRE-REQUISITES * : Accounting Basics

CO-REQUISITES * : None

DESCRIPTION * :

This module is the core module of the accounting profession. Its main contents include basic accounting theory, assets, liabilities, owner's equity, income, expenses, profits, and financial reporting. This module enables students to have a systematic understanding of the six major accounting elements of recognition and accounting.

OVERALL AIM(S) FOR THE MODULE * :

- This module addresses and appraises the relevant accounting regulations and enterprise accounting standards.
- This module cultivates the professional ability to account for the main economic business of the enterprise and enables students to meet the relevant requirements of accounting practitioners.
- This module helps students to develop an honest and trustworthy, meticulous working attitude.

LEARNING OUTCOMES * :

On successful completion of the module students will be able to:

Knowledge and Understanding

A. Understand requirements for the identification and measurement of accounting elements;

B. Master accounting assumptions and accounting information quality requirements;

C. Account for enterprises' related assets in accordance with the requirements of accounting standards;

Subject-specific Skills

D. Undertake accounting for money and funds;

E. Undertake accounting for receivables and advances;

F. Undertake accounting for tradable financial assets;

G. Calculate cost of raw materials as per specified method for pricing inventory;

H. Calculate inventories as per planned costing method;

I. Calculate depreciation of particular fixed assets;

J. Master amortization of intangible assets and relevant accounting process;

Professional Qualities

K. Work with honesty, honesty, meticulous attitude;

L. Develop good accounting ethics.

INDICATIVE CONTENT * :

This module comprises (but not limited to) the following major topics:

- Overview of the basics of accounting
- Monetary funds
- Receivables and advances
- Tradable financial assets
- Inventory
- Fixed assets
- Intangible assets and long-term down payments

ASSESSMENT STRUCTURE * :

Assessment Items	Weighting	Learning Outcomes
Attendance	15%	K, L
Assignments	15%	A, B, C, D, E, F, G, H, I, J, K, L
Classroom Activities	10%	A, B, C, D, E, F, G, H, I, J, K, L
Paper Test	60%	A, B, C, D, E, F, G, H, I, J, K, L

ASSESSMENT CRITERIA:

Generic framework assessment criteria will apply. Students will have to demonstrate sufficient knowledge and understanding, and relevant practical skills in this module specification in order to pass this subject.

APPROVAL/REVIEW DATES:

Version: 1

Date of approval: July 5, 2019

（四）企业会计（一）课程标准中文

北京财贸职业学院课程标准

带（＊）的项目未经允许不得删改

院系名称＊	立信会计学院
专业名称＊	会计（注册会计师）
课程名称＊	企业会计（一）

课程编码 ＊	学分＊	课程负责人
ACC1214	4	何云海

先修课程＊：会计基础

并修课程＊：无

1. 课程描述＊

本课程是会计专业的核心课程。其主要内容包括基本会计理论、资产、负债、所有者权益、收入、费用、利润和财务报告。本课程可以让学生系统了解六大会计要素的识别与核算。

2. 课程总目标＊

- 本课程主要介绍和评价相关会计法规和企业会计准则。
- 本课程培养学生处理企业主要经济业务的会计专业能力，使其能够满足会计从业人员的相关要求。
- 本课程培养学生诚实守信、一丝不苟的工作态度。

3. 学习成果＊

通过本课程的学习，学生将能够：

知识与理解：

（1）了解会计要素识别和计量的要求；

（2）掌握会计假设和会计信息质量要求；

（3）按照会计准则的要求对企业相关资产进行会计核算；

专业技能：

（4）掌握货币、资金的会计处理技能；

（5）掌握应收账款和预付款的会计处理技能；

（6）掌握交易性金融资产的会计处理技能；

（7）按规定的存货计价方法计算原材料成本；

（8）使用计划成本法计算存货；

（9）计算个别固定资产的折旧；

（10）掌握无形资产的摊销及会计处理；

职业素养：

（11）养成诚实守信、一丝不苟的工作态度；

（12）培养良好的会计职业道德。

4. 课程内容 *

本课程包括但不限于以下主要内容：

- 会计基础概述
- 货币基金
- 应收款及预付款
- 交易性金融资产
- 库存
- 固定资产
- 无形资产和长期预缴款

5. 考核结构 *

考核项目	权重	学习成果
出勤	15%	（11）（12）
作业	15%	（1）（2）（3）（4）（5）（6）（7）（8）（9）（10）（11）（12）
课堂活动	10%	（1）（2）（3）（4）（5）（6）（7）（8）（9）（10）（11）（12）
期末考试	60%	（1）（2）（3）（4）（5）（6）（7）（8）（9）（10）（11）（12）

6. 考核标准

本课程适用学校考核标准的通用框架。学生必须展示出本课程标准所要求的足够的知识和理解，以及相关的实践技能，才能通过本课程。

7. 批准/审核日期

版本：1.0

批准日期：2019 年 7 月 5 日

（五）企业会计（二）课程标准英文

BCFC- Module Specification

All items with a star （ * ） can not be changed without approval.

FACULTY *	Lixin School of Accounting
FIELD *	Accounting （Certified Public Accountant）
MODULETITLE *	Enterprise Accounting II

MODULE CODE *	CREDIT VALUE *	CO-ORDINATOR
ACC2114	4	YU Lian

PRE-REQUISITES * : Accounting Basics, Enterprise Accounting I

CO-REQUISITES * : None

DESCRIPTION * :

This module provides students with a systematic understanding of the accounting of liabilities, owner's equity, income, expenses, profits and statements. Students will learn how to carry out major economic business accounting in related fields such as enterprise accounting and industrial accounting, and lay a foundation for further study in this field.

OVERALL AIM(S) FOR THE MODULE * :

- This module enables students to master the basic content and methods of accounting for professional positions in enterprises.
- This module enables students to master the recognition, measurement, recording, and reporting of the accounting elements of liabilities, owners' equity, income, expenses, and profits.
- This module enables students to handle main economic activities of enterprise, prepare balance sheet, profit statement, cash flow statement, owner equity change statement, and provide financial information such as financial status, operating results and cash flow from enterprise to departments.

LEARNING OUTCOMES * :

On successful completion of the module students will be able to:

Knowledge and Understanding

A. Identify the relevant requirements for measuring accounting elements;

B. Recognize and measure liabilities, owners' equity, profits and losses;

C. Account for corporate liabilities, owners' equity, profits and losses in accordance with the relevant accounting standards accurately;

Subject-specific Skills

D. Record economic transactions in accordance with accounting standards correctly;

E. Recognize, measure and account for various economic activities;

F. Prepare and submit financial statements properly;

Professional Qualities

G. Foster good professional ethics and professionalism;

H. Master Communication and teamwork skills;

I. Adapt to the environment with a good mindset.

INDICATIVE CONTENT * :

This module comprises (but not limited to) the following major topics:

- Liabilities
- Owner's equity
- Revenues
- Expenses
- Profit
- Financial statement

ASSESSMENT STRUCTURE * :

Assessment Items	Weighting	Learning Outcomes
attendance	10%	I
Assignments	10%	B, C, E, F, H, I
Classroom activities	20%	A, B, C, D, H
Paper Test	60%	B, C, D, E, F, G, H, I

ASSESSMENT CRITERIA:

Generic framework assessment criteria will apply. Students will have to demonstrate sufficient knowledge and understanding, and relevant practical skills in this module specification in order to pass this subject.

APPROVAL/REVIEW DATES:

Version: 1

Date of approval: July 5, 2019

（六）企业会计（二）课程标准中文

北京财贸职业学院课程标准

带（＊）的项目未经允许不得删改

学院名称＊	立信会计学院
专业名称＊	会计（注册会计师）
课程名称＊	企业会计（二）

课程代码＊	学分＊	课程负责人
ACC2114	4	喻炼

先修课程＊：会计基础、企业会计（一）

并修课程＊：无

1. 课程描述＊

通过本课程的学习，使学生对负债、所有者权益、收入、支出、利润和报表的会计处理有系统的了解。学生具有基本的职业能力，可以在企业会计和工业会计等相关领域进行主要的经济业务会计，并为后续专业的核心课程做准备。

2. 课程总目标＊

本课程使学生掌握企业会计职位应具备的基本会计内容和会计方法。

本课程使学生掌握负债、所有者权益、收入、支出和利润的会计要素的确认、计量、记录和报告。

本课程使学生掌握企业主要经济业务的账务处理能力，并精通资产负债表、利润表、现金流量表和所有者权益变动表的编制，并提供财务状况、经营成果等财务信息以及企业各相关部门的现金流量。

3. 学习成果＊

成功完成课程后，学生将能够：

知识与理解：

（1）识别会计要素计量的相关要求；

（2）确认和计量负债、所有者权益、损益；

（3）准确按照有关会计准则处理企业负债、所有者权益、损益；

专业技能：

（4）按照会计准则正确记录经济交易活动；

（5）确认、计量和解释各种经济活动；

（6）正确准备和提交财务报表；

职业素养：

（7）建立良好的职业道德和专业精神；

(8) 掌握沟通和团队合作技能;
(9) 具有适应环境的良好意识和能力。

4. 课程内容 *

本课程包括但不限于以下主要内容:

- 负债
- 所有者权益
- 收入
- 费用
- 利润
- 财务报表

5. 考核结构 *

考核项目	权重	学习成果
出勤	10%	(9)
作业	10%	(2)(3)(5)(6)(8)(9)
课堂活动	20%	(1)(2)(3)(4)(8)
考试	60%	(2)(3)(4)(5)(6)(8)(9)

6. 考核标准

本课程适用学校考核标准的通用框架。学生必须展示出本课程标准所要求的足够的知识和理解,以及相关的实践技能,才能通过本课程。

7. 批准/审核日期

版本:1

批准日期:2019 年 7 月 5 日

（七）制造业成本会计课程标准英文

BCFC-Module Specification

All items with a star （ * ） can not be changed without approval.

FACULTY *	Lixin School of Accounting
FIELD *	Accounting （Certified Public Accountant）
MODULE TITLE *	Cost Accounting for Manufacturing Industry

MODULE CODE *	CREDIT VALUE *	CO-ORDINATOR
ACC2115	3	TIAN Guangda

PRE-REQUISITES * : Accounting Basics, Enterprise Accounting Ⅰ&Ⅱ

CO-REQUISITES * : None

DESCRIPTION * :

This module covers basic principles and methods of cost accounting. With this module, students will learn how to collect and allocate costs of production, calculate costs of products, prepare and analyze cost reports.

OVERALL AIM(S) FOR THE MODULE * :

- This module addresses and appraises the basic principles and methods of cost accounting, and thus provides the basis for further study in this field for those students who wish it.
- This module will enable students to prepare cost statements and analyze cost in small and medium-sized enterprises.

LEARNING OUTCOMES * :

On successful completion of the module students will be able to:

Knowledge and Understanding

A. Understand the principles of cost accounting, classification of costs, and the procedures of cost accounting;

B. Master the determination of cost items, and accounting of each item;

C. Grasp the various methods of cost accounting;

Subject-specific Skills

D. Complete the source documents and books of prime entries about cost accounting;

E. Determine allocation of costs and expenses;

F. Prepare cost reports;

G. Analyze cost reports and provide advice for cost management;

Professional Qualities

H. Apply professional ethics of "honesty, integrity, discipline, and no fraud";

I. Get work done before deadline.

INDICATIVE CONTENT * :

This module comprises (but not limited to) the following major topics:

- Basic knowledge of cost accounting
- Journal entries of cost accounting
- Allocation of costs and expenses
- Methods of collecting and distributing auxiliary costs of manufacturing
- Methods of collecting and distributing manufacturing expenses
- Accounting for loss of production
- Distribution of costs for finished and unfinished products
- Methods of calculating costs
- Preparing cost statement
- Analysis of costs

ASSESSMENT STRUCTURE * :

Assessment Items	Weighting	Learning Outcomes
Attendance	10%	H
Assignments	10%	A, B, C, H, I
Classroom Activities	10%	A, B, C, H, I
Practical Performance	20%	D, E, F, G
Paper Test	50%	A, B, C, D, E, F, G, H

ASSESSMENT CRITERIA:

Generic framework assessment criteria will apply. Students will have to demonstrate sufficient knowledge and understanding, and relevant practical skills in this module specification in order to pass this subject.

APPROVAL/REVIEW DATES:

Version: 1

Date of approval: July 5, 2019

（八）制造业成本会计课程标准中文

北京财贸职业学院课程标准

带（*）的项目未经允许不得删改

学院名称 *	立信会计学院
专业名称 *	会计（注册会计师）
课程名称 *	制造业成本会计

课程代码 *	学分 *	课程负责人
ACC2115	3	田光大

先修课程 *： 会计基础、企业会计（一）（二）

并修课程 *： 无

1. 课程描述 *

本课程涵盖成本核算的基本原理和方法。通过本课程，学生将学习如何收集和分配生产成本，计算产品成本，准备和分析成本报告。

2. 课程总目标 *

本课程讲解和评估成本核算的基本原理和方法，从而为希望在该领域深入学习的学生提供学习基础。

本课程将帮助学生准备成本报表并分析中小企业的成本。

3. 学习成果 *

成功完成课程后，学生将能够：

知识和理解：

（1）了解成本核算的原则，成本分类和成本会计的程序；

（2）掌握成本项目的确定和各项目的核算；

（3）掌握各种成本核算方法；

专业技能：

（4）完成有关成本核算的原始凭证和账簿；

（5）确定费用和支出的分配；

（6）编制成本报告；

（7）分析成本报告并为成本管理提供建议；

职业素养：

（8）遵循“诚实，正直，纪律，无欺诈”的职业道德；

（9）在截止日期之前完成工作。

4. 课程内容 *

本课程包括但不限于以下主要内容：

- 成本核算基础知识
- 成本核算日记账分录
- 成本和费用分摊
- 制造辅助成本的收取和分配方法
- 制造费用的收取与分配方式
- 生产损失核算
- 成品和未成品的成本分配
- 成本计算方法
- 编制成本报表
- 成本分析

5. 考核结构 *

考核项目	权重	学习成果
出勤	10%	(8)
作业	10%	(1) (2) (3) (8) (9)
课堂活动	10%	(1) (2) (3) (8) (9)
实训	20%	(4) (5) (6) (7)
考试	50%	(1) (2) (3) (4) (5) (6) (7) (8)

6. 考核标准

本课程适用学校考核标准的通用框架。学生必须展示出本课程标准所要求的足够的知识和理解，以及相关的实践技能，才能通过本课程。

7. 批准/审核日期

版本：1.0

批准日期：2019 年 7 月 5 日

（九）管理会计课程标准英文

BCFC-Module Specification

All items with a star （＊） can not be changed without approval.

FACULTY ＊	Lixin School of Accounting
FIELD ＊	Accounting （Certified Public Accountant）
MODULE TITLE ＊	Management Accounting

MODULE CODE ＊	CREDIT VALUE ＊	CO-ORDINATOR
ACC3111	2	TAN Zhili

PRE-REQUISITES ＊： Accounting Basics， Cost Accounting for Manufacturing Industry

CO-REQUISITES ＊： None

DESCRIPTION ＊：

This module covers the basic theory and content of management accounting such as forecasting and decision accounting， planning and control accounting and responsibility accounting. With this module， students will learn how to use an enterprise’ s internal financial and non-financial information to predict its economic outlook， make economic decisions， plan operational policies， control operational processes， and evaluate performances.

OVERALL AIM （S） FOR THE MODULE ＊：

● This module addresses and appraises the basic theory and content of management accounting such as forecasting and decision accounting， planning and control accounting and responsibility accounting， and thus provides the basis for further study in this field for those students who wish it.

● This module helps students analyze， judge and make decisions about a series of internal management activities of an enterprise， and support leaders in making decision. Students will also learn how to master core management accounting skills and develop professional ethics.

LEARNING OUTCOMES ＊：

On successful completion of the module students will be able to：

Knowledge and Understanding

A. Understand the important roles of management accounting in enterprises；

B. Understand the responsibilities of management accounting positions；

C. Master the basic knowledge and skills of management accounting；

Subject-specific Skills

D. Make internal forecasts；

E. Make internal plans and decisions;

F. Make internal control and performance evaluation;

Professional Qualities

G. Apply professional ethics and teamwork spirits;

H. Adapt to social changes and make effective communication.

INDICATIVE CONTENT * :

This module comprises (but not limited to) the following major topics:

- Cognition of management accounting
- Variable costing
- Cost-volume-profit analysis
- Economic forecasting
- Analysis of short-term business decisions
- Analysis of long-term investment decisions
- Comprehensive budgeting
- Cost control
- Responsibility accounting

ASSESSMENT STRUCTURE * :

Assessment Items	Weighting	Learning Outcomes
Attendance	15%	G, H
Assignments	15%	B, C, D, E, F
Classroom Activities	20%	A, B, C, D, E, F, G, H
Paper Test	50%	A, B, C, D, E, F

ASSESSMENT CRITERIA:

Generic framework assessment criteria will apply. Students will have to demonstrate sufficient knowledge and understanding, and relevant practical skills in this module specification in order to pass this subject.

APPROVAL/REVIEW DATES:

Version: 1

Date of approval: July 5, 2019

（十）管理会计课程标准中文

北京财贸职业学院课程标准

带（*）的项目未经允许不得删改

学院名称 *	立信会计学院
专业名称 *	注册会计师
课程名称 *	管理会计

课程编码 *	学分 *	课程负责人
ACC3111	2	谭智俐

先修课程 *：会计基础、成本会计实务

并修课程 *：无

1. 课程描述 *

本课程讲授“管理会计学”基本理论和内容，包括预测决策会计、规划控制会计和责任会计。学生可在课程中学习如何运用企业内部财务信息和非财务信息预测经济前景、参与经营决策、规划经营方针、控制经营过程和考评责任业绩。

2. 课程总目标 *

- 本课程讲授“管理会计学”的基本理论和内容，如预测与决策会计、规划控制会计、责任会计等，为学生在该领域的深入学习奠定基础。
- 该课程帮助学生分析、判断、决策企业一系列的内部管理活动，做好领导的决策支持工作，培养学生扎实的管理会计基本功，使其掌握核心的管理会计技能，养成良好的职业道德。

3. 学习成果 *

通过该课程的学习，学生将能够：

知识与理解：

（1）了解管理会计工作在企业的重要地位；

（2）了解管理会计岗位的工作职责；

（3）掌握管理会计基础知识和基本技能。

专业技能：

（4）进行企业内部预测；

（5）进行企业内部规划、决策；

（6）进行企业内部控制、业绩考核。

职业素养：

（7）具备良好的职业道德和团队合作意识；

（8）具备较强的社会适应与交际能力。

4. 课程内容＊

本课程包括但不限于以下主要内容：

- 管理会计认知
- 变动成本分析
- 本量利分析
- 经济预测
- 短期经营决策分析
- 长期投资决策分析
- 全面预算编制
- 成分控制
- 责任会计

5. 考核结构＊

考核项目	权重	学习成果
出勤	15%	（7）（8）
作业	15%	（2）（3）（4）（5）（6）
课堂活动	20%	（1）（2）（3）（4）（5）（6）（7）（8）
考试	50%	（1）（2）（3）（4）（5）（6）

6. 考核标准

本课程适用学校考核标准的通用框架。学生必须展示出本课程标准所要求的足够的知识和理解，以及相关的实践技能，才能通过本课程。

7. 批准/审核日期

版本：1.0

批准日期：2019 年 7 月 5 日

（十一）注册会计师审计（一）课程标准英文

BCFC-Module Specification

All items with a star（∗）can not be changed without approval.

FACULTY ∗	Lixin School of Accounting
FIELD ∗	Accounting（Certified Public Accountant）
MODULE TITLE ∗	CPA Auditing I

MODULE CODE ∗	CREDIT VALUE ∗	CO-ORDINATOR
ACC3105	2	DU Haixia

PRE-REQUISITES ∗ : Enterprise Accounting II, Cost Accounting for Manufacturing

CO-REQUISITES ∗ : None

DESCRIPTION ∗ :

This module focuses on the composition of audit supervision system, the basic concepts of audit, audit methods and financial statements audit process. This module enables students to understand the basic concepts of audit, master audit methods and processes, and learn how to prepare simple audit working papers.

OVERALL AIM(S) FOR THE MODULE ∗ :

- This module addresses and appraises the basic concepts and methods of auditing financial managements, and thus provides the basis for further study in this field for those students who wish it.
- This module will enable students to master the basic concepts of audit, the audit work flow and audit methods of financial statements, and have the ability to prepare simple audit work papers.

LEARNING OUTCOMES ∗ :

On successful completion of the module students will be able to:

Knowledge and Understanding

A. Understand the composition of audit supervision system;

B. Master the audit process of financial statements and respective items;

C. Master the elements and compiling methods of audit working papers;

D. Master the types of audit conclusions;

Subject-specific Skills

E. Prepare simple audit working paper;

F. Manage audit files;

Professional Qualities

G. Abide by the professional standards of Chinese certified public accountants;

H. Maintain independence, objectivity and justice, and professional ethics;

I. Maintain good communication and collaboration with customers and team members.

INDICATIVE CONTENT *:

This module comprises (but not limited to) the following major topics:

- System of supervision by audit
- Objectives and procedures of auditing financial statements
- Collection and study of audit evidence
- Evidence recording of auditing
- Audit of sales and collection cycle
- Manage audit files
- Type of audit opinion and structure of audit reports

ASSESSMENT STRUCTURE *

Assessment Items	Weighting	Learning Outcomes
Classroom Performance	50%	A, B, C, D, I
Project Performance	50%	A, B, C, D, E, F, G, H, I

ASSESSMENT CRITERIA:

Generic framework assessment criteria will apply. Students will have to demonstrate sufficient knowledge and understanding, and relevant practical skills in this module specification in order to pass this subject.

APPROVAL/REVIEW DATES:

Version: 1

Date of approval: July 5, 2019

（十二）注册会计师审计（一）课程标准中文

北京财贸职业学院课程标准

带（*）的项目未经允许不得删改

学院名称 *	立信会计学院
专业名称 *	注册会计师
课程名称 *	注册会计师审计（一）

课程编码 *	学分 *	课程负责人
ACC3105	2	杜海霞

先修课程 *： 企业会计（二）、成本会计实务

并修课程 *： 无

1. 课程描述 *

本课程主要讲授会计监督体系建构、审计原理、审计方法、财务报表审计流程等。通过本课程的学习，学生可了解审计原理，掌握审计方法与业务流程，能够进行基本审计工作底稿的编制。

2. 课程总目标 *

- 该课程传授财务审计的基本理论与方法，从而为学生在该领域的深入学习奠定基础。
- 该课程旨在让学生了解审计原理，掌握财务报表审计业务流程和方法，具备编制基本审计工作底稿的能力。

3. 学习成果 *

通过该课程的学习，学生将能够：

知识与理解：

（1）了解审计监督体系构成；

（2）掌握财务报表审计业务流程；

（3）掌握审计工作底稿的要素与编制方法；

（4）掌握财务意见的类型；

专业技能：

（5）编制基本的审计工作底稿；

（6）整理审计档案；

职业素养：

（7）恪守中国注册会计师职业准则；

（8）在审计过程中保持独立、客观、公正，具备良好的职业道德素养；

（9）与被审计单位和项目组成员良好沟通、协同工作。

4. 课程内容 *

该课程包括但不限于以下主要内容：

- 审计监督体系构建
- 财务报表审计目标与流程
- 审计证据收集
- 审计证据记录
- 销售与收款循环审计
- 审计档案整理
- 审计意见与审计报告类型

5. 考核结构 *

考核项目	权重	学习成果
课堂表现	50%	（1）（2）（3）（4）（9）
业务表现	50%	（1）（2）（3）（4）（5）（6）（7）（8）（9）

6. 考核标准

本课程适用学校考核标准的通用框架。学生必须展示出本课程标准所要求的足够的知识和理解，以及相关的实践技能，才能通过本课程。

7. 批准/审核日期

版本：1.0

批准日期：2019 年 7 月 5 日

（十三）财务管理（双语）课程标准英文

BCFC-Module Specification

All items with a star （ * ） can not be changed without approval.

FACULTY *	Lixin School of Accounting
FIELD *	Accounting （Certified Public Accountant）
MODULE TITLE *	Financial Management （Bilingual）

MODULE CODE *	CREDIT VALUE *	CO-ORDINATOR
ACC2209	3	DU Haixia

PRE-REQUISITES * : Accounting Basics, Cost Accounting for Manufacturing Industry, Management Accounting

CO-REQUISITES * : None

DESCRIPTION * :

This module covers the time value of funds, funds-raising, investments, cost of capital, capital structure and dividend distribution. With this module, students will learn the basic concepts of financial management and master the ability to manage an enterprise from the perspective of finance.

OVERALL AIM(S) FOR THE MODULE * :

- This module addresses and appraises the basic concepts and methods of financial management, and thus provides the basis for further study in this field for those students who wish it.
- This module will enable students to learn how to raise funds, make investment decisions, operate assets, and implement profit distribution.

LEARNING OUTCOMES * :

On successful completion of the module students will be able to:

Knowledge and Understanding

A. Master the method of calculating the time value of funds;

B. Master the methods of managing working capital;

C. Master the methods of fund raising and investment;

D. Master the methods of managing working capital;

E. Master the methods of distribution of profits;

Subject-specific Skills

F. Clarify and adjust financial activities of enterprise;

G. Analyze the financial risks and the time value of funds faced by enterprises;

H. Raise funds, make investment decisions, operate assets and implement profit distribution;

Professional Qualities

I. Apply capabilities of using statistics and writing;

J. Adapt to social changes and do effective communication;

K. Apply professional ethics and spirits with consciousness of teamwork.

INDICATIVE CONTENT * :

This module comprises (but not limited to) the following major topics:

- Financial activities
- Time value of money, and risk-return analysis
- Cost of capital
- Project investment management
- Securities investment management
- Operation capital management
- Distribution of profits

ASSESSMENT STRUCTURE * :

Assessment Items	Weighting	Learning Outcomes
Attendance	20%	J, K
Assignments	15%	A, B, C, D, E, G, H
Classroom Activities	15%	F, G, H, I
Test	50%	A, B, C, D, E

ASSESSMENT CRITERIA:

Generic framework assessment criteria will apply. Students will have to demonstrate sufficient knowledge and understanding, and relevant practical skills in this module specification in order to pass this subject.

APPROVAL/REVIEW DATES:

Version: 1

Date of approval: July 5, 2019

（十四）财务管理（双语）课程标准中文

北京财贸职业学院课程标准

带（＊）的项目未经允许不得删改

学院名称＊	立信会计学院
专业名称＊	注册会计师
课程名称＊	财务管理（双语）

课程编码 ＊	学分＊	课程负责人
ACC2209	3	杜海霞

先修课程＊：会计学基础、成本会计实务、管理会计

并修课程＊：无

1. 课程描述＊

本课程涵盖计算资金的时间价值，企业筹资、投资的方法，资金成本的计算方法，日常资金管理的基本方法，收益分配的方法，以财务管理基本理论为基础，结合企业财务管理岗位职责的要求，让学生更好地掌握财务管理知识和技能。

2. 课程总目标＊

- 通过本课程的学习，让学生了解财务管理的基本概念和方法，为将来从事财务管理工作奠定良好的理论基础。
- 通过本课程学习，学生能够掌握企业筹资、投资的方法，日常资金管理的基本方法，收益分配的方法。

3. 学习成果＊

成功修毕课程后，学生将能够：

知识与理解：

（1）掌握资金时间价值的计算方法；

（2）掌握筹资管理的方法；

（3）掌握投资管理的方法；

（4）掌握现金管理、应收账款管理和存货管理的方法；

（5）掌握企业收益与分配管理的方法；

专业技能：

（6）能理清并协调企业财务活动所产生的财务关系；

（7）能分析企业面临的财务风险和资金时间价值成本，具有一定的财务决策分析能力；

（8）能合理筹集资金，正确投资决策，有效营运资产，规范收益分配等财务主要业务；

职业素养：

（9）培养统计分析能力和书面写作能力；

（10）培养会计职业人的社会适应能力，培养与人沟通能力；

（11）培养良好的职业道德和敬业精神，培养团队合作意识。

4. 课程内容 *

本课程包括但不限于以下主要内容：

- 财务活动分析
- 资金时间价值与风险收益分析
- 资金成本
- 项目投资管理
- 证券投资管理
- 营运资金管理
- 收益分配管理

5. 考核结构 *

考核项目	权重	学习成果
出勤	20%	（10）（11）
作业	15%	（1）（2）（3）（4）（5）（7）（8）
课堂活动	15%	（6）（7）（8）（9）
考试	50%	（1）（2）（3）（4）（5）

6. 考核标准

本课程适用学校考核标准的通用框架。学生必须展示出本课程标准所要求的足够的知识和理解，以及相关的实践技能，才能通过本课程。

7. 批准/审核日期

版本：1.0

批准日期：2019 年 7 月 5 日

（十五）注册会计师审计（二）课程标准英文

BCFC-Module Specification

All items with a star（ * ）can not be changed without approval.

FACULTY *	Lixin School of Accounting
FIELD *	Accounting（Certified Public Accountant）
MODULE TITLE *	CPA Auditing II

MODULE CODE *	CREDIT VALUE *	CO-ORDINATOR
ACC3205	2	DU Haixia

PRE-REQUISITES * : Enterprise Accounting II, Cost Accounting for Manufacturing Industry, CPA Auditing I

CO-REQUISITES * : None

DESCRIPTION * :

This module aims to develop students' ability to collect audit evidence, prepare working papers and make simple professional judgments. With this module, students can complete the audit of financial statements of small and medium-sized enterprises.

OVERALL AIM(S) FOR THE MODULE * :

- This module addresses and appraises the basic concepts and methods of auditing financial managements, and thus provides the basis for further study in this field for those students who wish it.
- This module enables students to master the process of auditing financial statements and qualifies them as assistant auditors.

LEARNING OUTCOMES * :

On successful completion of the module students will be able to:

Knowledge and Understanding

A. Master the compilation of audit adjustment entry;

B. Master the basic requirements of audit professional judgment;

Subject-specific Skills

C. Check vouchers and account books, find audit clues and problems, complete general audit procedures of financial statements;

D. Make simple professional judgment and adjust the entry;

E. Prepare audit working paper;

F. Provide audit opinion;

Professional Qualities

G. Abide by the professional standards of Chinese certified public accountants and have a rigorous and prudent professional attitude;

H. Maintain independence, objectivity and justice, and professional ethics;

I. Maintain good communication and collaboration with customers and team members.

INDICATIVE CONTENT * :

This module comprises (but not limited to) the following major topics:

- Undertake audit business
- Audit of sales and collection
- Audit of purchase and payment
- Audit of inventory and warehousing
- Audit of financing and investment
- Audit of monetary fund
- Issue audit opinions and prepare audit reports

ASSESSMENT STRUCTURE * :

Assessment Items	Weighting	Learning Outcomes
Classroom Performance	50%	A, B, C, D, I
Project Performance	50%	A, B, C, D, E, F, G, H, I

ASSESSMENT CRITERIA:

Generic framework assessment criteria will apply. Students will have to demonstrate sufficient knowledge and understanding, and relevant practical skills in this module specification in order to pass this subject.

APPROVAL/REVIEW DATES:

Version: 1

Date of approval: July 5, 2019

（十六）注册会计师审计（二）课程标准中文

北京财贸职业学院课程标准

带（＊）的项目未经允许不得删改

院系名称＊	立信会计学院
专业名称＊	注册会计师
课程名称＊	注册会计师审计（二）

课程编码 ＊	学分＊	课程负责人
ACC3205	2	杜海霞

前续课程＊：会计实务（二）、成本会计实务、注册会计师审计（一）

并行课程＊：无

1. 课程描述＊

本课程旨在培养学生收集审计证据、准备工作底稿和做出简单职业判断的能力。通过本课程的教学，学生可以完成对中小企业财务报表的审计。

2. 课程总目标＊

- 通过本课程的学习，让学生了解财务报表审计工作的基本概念和方法，为将来从事财务报表审计工作奠定良好的理论基础；
- 通过本课程学习，使学生掌握财务报表审计能力和能够胜任会计师事务所助理审计岗位的要求。

3. 学习成果＊

成功修毕课程后，学生将能够：

知识与理解：

（1）编制调整分录；

（2）掌握审计职业判断的基本要求；

专业技能：

（3）核对凭证和账簿，发现审计线索和问题，完成财务报表的一般审计程序；

（4）做简单的职业判断，编制调整分录；

（5）编制审计工作底稿；

（6）提供审核意见；

职业素养：

（7）恪守中国注册会计师职业标准，具备严谨、一丝不苟的职业态度；

（8）在审计过程中，保持独立、客观、公正，具备良好的职业道德素养；

（9）与客户和审计小组内部保持良好的沟通和协作能力。

4. 课程内容 *

本课程包括但不限于以下主要内容：

- 承办审计业务
- 销售与收款循环审计
- 采购与付款循环审计
- 存货与仓储循环审计
- 筹资与投资循环审计
- 货币基金审计
- 提出审计意见和编制审计报告

5. 考核结构 *

考核项目	权重	学习成果
课堂表现	50%	(1)(2)(3)(4)(9)
项目成绩	50%	(1)(2)(3)(4)(5)(6)(7)(8)(9)

6. 考核标准

本课程适用学校考核标准的通用框架。学生必须展示出本课程标准所要求的足够的知识和理解，以及相关的实践技能，才能通过本课程。

7. 批准/审核日期

版本：1.0

批准日期：2019 年 7 月 5 日

附录 1

苏格兰学分与资历框架一般特征描述及 7～10 级能力标准描述

Table 1：SCQF Characteristics

表 1：苏格兰学分与资历框架特征描述

Characteristic 特征	Description 具体描述
Knowledge and understanding (mainly subject-based) **知识与理解（主要是基于学科的）**	The knowledge and understanding that underpins the achievement of skills and competence varies according to the complexity and breadth of the learning. 知识与理解是习得技能与能力的基础，因学习的复杂性和广度的不同而不同。 SCQF levels start with a basic knowledge of facts and progress to a point where learners are required to reflect on that body of knowledge and reason why it is correct or incorrect, and then adapt or develop new knowledge accordingly. 苏格兰学分与资历框架的各个等级，从事实性基础知识到要求学习者对某一知识体系进行反思并推理为什么这个知识是正确的或者是不正确的，再到适应或开发新知识。
Practice (applied knowledge and understanding) **实践（应用知识与理解）**	Competent practice and the development and use of skills come through the application of knowledge and understanding. This involves being able to contextualize knowledge to apply it in a variety of different situations and practices. 合格的技能实践、开发与使用来源于对知识和理解的应用，包括能在不同的上下文或背景中理解知识，并在不同的情况与实践中应用知识。 SCQF levels progress from relating knowledge of a few simple everyday contexts to using a range of complex skills, techniques and practices. Learners demonstrate originality and creativity in the development and application of new knowledge and understanding. 苏格兰学分与资历框架等级从将知识与一些简单的常规环境联系起来开始，到能够使用一系列复杂的技能、技术和实践，再到学习者在拓展和应用新知识和理解方面能够表现出独创性和创造力。
Generic cognitive skills such as evaluation and critical analysis **一般认知技能，比如评价与批判性分析能力**	Cognitive skills involve the process of acquiring knowledge and understanding, through thought, experience and the senses. It includes skills such as problem solving, creativity and innovation, ability to respond to change, and ability to monitor, evaluate and promote continuous improvement. 认知技能涉及通过思想、经验和感官获得知识和理解的过程。它包括诸如解决问题的能力、创意与创新能力、应对变化的能力，以及监督、评价和促进持续改进的能力。 Cognitive skills tend to be transferable, i. e. once they have been developed, they can be applied to different situations and job roles. 认知技能往往是可迁移的，也就是说，一旦培养出这些技能，这些技能就可以被应用于不同的情况和工作岗位。 Within any area of cognitive skill there are degrees of understanding and complexity. SCQF levels progress from following prompts to deal with familiar situations or issues, to critically analysing and evaluating complex situations and issues and developing original and creative responses to these. 任何认知技能领域，就理解和复杂的程度而言都是不同的。苏格兰学分与资历框架等级从按照提示来处理熟悉的情况或问题开始，到批判性地分析和评估复杂的情况和问题，并对这些情况和问题做出原创的和有创造力的反应。

续表

Characteristic 特征	Description 具体描述
Communication, numeracy and ICT skills **沟通、计算与信息通信技术技能**	Skills in communication, numeracy and ICT are essential for effective practice, and underpin many roles or tasks. Skills in all three areas are not always necessary for every job role, nor is it necessary a requirement to have an equal level of skill in all three areas. 沟通、计算与信息通信技术技能是有效进行实践的必要条件，可以为多种岗位和任务提供支持。这三个领域的技能并不总是对每个工作岗位都是必需的，也没有必要要求在这三个领域里拥有同等水平的技能。 Although some roles will have specific communication, numeracy and IT requirements, many of these skills are generic and can be transferred across different roles within organizations or fields of work. 虽然有些工作岗位有特定的沟通、计算和信息技术技能需求，但这些技能中有很多是通用的，可以在组织机构或工作领域的不同岗位之间转换。
Autonomy, accountability and working with others **自主性、责任感及与他人合作**	The nature of working relationships, levels of responsibility for self and others and managing change, the ways in which individuals work, and the impact of this on their job role and other individuals. 工作关系的本质，对自己和他人承担责任和管理变化的等级，个人工作的方式，以及上述内容对工作岗位和其他人的影响。 SCQF levels progress from working alone on simple and routine tasks under directive supervision to becoming increasingly autonomous and accountable within a work role, becoming more independent or more focused on management and leadership, becoming more self-critical and being able to reflect on ethical and professional issues. 苏格兰学分与资历框架等级从能够在指导性监督下独自完成简单的日常工作开始，到在工作岗位上变得越来越自主并承担职责，变得更加独立或更专注于管理和领导性工作，变得能够进一步自我批评，并反思道德和专业问题。

The SCQF level descriptors set out the characteristic generic outcomes of each SCQF level. They are intended to provide a general, shared understanding of each level and to allow broad comparisons to be made between qualifications and learning programmes at different levels. They are not intended to give precise or comprehensive statements for individual qualifications or learning programmes, and there is no expectation that these should have all of the characteristics. 苏格兰学分与资历框架等级标准规定了每个苏格兰学分与资历框架等级所特有的一般性结果，旨在提供对每一等级的普遍和共同的理解，并使不同等级的资格和学习方案之间能够进行广泛的比较。并不以对个别资历或学习方案做出精确或全面的说明为目的，也不要求涵盖所有的特征。

Table 2: SCQF Level 7

表 2：苏格兰学分与资历框架 7 级

Characteristic 特征	The following descriptions are for guidance only- it is not expected that every point will be covered. 下面的描述仅供参考——不要求每一个点都涵盖
Knowledge and understanding **知识与理解**	Demonstrate and/or work with：能够表现出和/或在工作中具备： • A broad knowledge of the subject/discipline in general. 本学科总体上的广博知识。 • Knowledge that is embedded in the main theories, concepts and principles. 蕴含于主要理论、概念和原理中的知识。 • An awareness of the evolving/changing nature of knowledge and understanding. 对知识和理解的演进或变化本质的认知。 • An understanding of the difference between explanations based on evidence and/or research and other forms of explanation and of the importance of this difference. 对基于证据的解释和/或基于研究以及其他形式的解释之间的区别，以及对这种区别重要性的理解。
Practice: applied knowledge and understanding **实践：应用知识与理解**	Use some of the basic and routine professional skills, techniques, practices and/or materials associated with a subject/discipline. Practice these in both routine and non-routine contexts. 使用一些与本学科相关的基本的和常规的专业技能、技术、实践和/或材料。并在常规和非常规环境中应用这些专业技能、技术、实践和/或材料。

续表

Characteristic 特征	The following descriptions are for guidance only- it is not expected that every point will be covered. 下面的描述仅供参考——不要求每一个点都涵盖
Generic cognitive skills **一般性认知技能**	Present and evaluate arguments，information and ideas which are routine to the subject/discipline. 提出并评估本学科常规的论点、信息与理念。 Use a range of approaches to address defined and/or routine problems and issues within familiar contexts. 在熟悉的环境中，使用一系列的方法来解决已确定的和/或常规的问题和议题。
Communication，ICT and numeracy skills **沟通、信息通信技术与计算技能**	Use a wide range of routine skills and some advanced skills associated with the subject/discipline，for example：广泛使用常规技能和一些与本学科相关的高级技能，例如： • Convey complex ideas in well-structured and coherent form. 以良好的结构、连贯的形式表达复杂的思想。 • Use a range of forms of communication effectively in both familiar and new contexts. 在熟悉和陌生的环境中有效地使用各种沟通方式。 • Use standard applications to process and obtain a variety of information and data. 使用标准应用程序来处理和获取各种信息和数据。 • Use a range of numerical and graphical skills in combination. 使用一系列的数字和图形的组合技能。 • Use numerical and graphical data to measure progress and achieve goals/targets. 使用数字和图形数据来衡量进度和实现目标。
Autonomy，accountability and working with others **自主性、责任感及与他人合作**	Exercise some initiative and independence in carrying out defined activities at a professional level. 在执行某些界定清晰的专业活动中表现出主动性和独立性。 Take supervision in less familiar areas of work. 在不太熟悉的工作领域，监督他人工作。 Take some managerial responsibility for the work of others within a defined and supervised structure. 在规定和监管架构内，对其他人的工作承担一些管理责任。 Manage limited resources within defined areas of work. 在规定的工作范围内管理有限的资源。 Take the lead in implementing agreed plans in familiar or defined contexts. 在熟悉的或确定的环境中带头实施商定的计划。 Take account of own and others' roles and responsibilities in carrying out and evaluating tasks. 在执行和评估任务时，考虑到自己和他人的岗位与职责。 Work with others in support of current professional practice under guidance. 在一定的指导下与他人一起合作支持当前的专业实践。

Table 3：SCQF Level 8

表3：苏格兰学分与资历框架8级

Characteristic 特征	The following descriptions are for guidance only- it is not expected that every point will be covered. 下面的描述仅供参考——不要求每一个点都涵盖
Knowledge and understanding **知识与理解**	Demonstrate and/or work with：能够表现出和/或在工作中具备： • A broad knowledge of scope，defining features，and main areas of a subject/discipline. 某一学科范围、定义特征和主要领域的广泛知识。 • Detailed knowledge in some areas. 某些领域的详细知识。 • Understanding of a limited range of core theories，principles and concepts. 理解有限范围内的核心理论、原理和概念。 • Limited knowledge and understanding of some major current issues and specialism. 有限认识和理解当前一些主要问题和学科专门知识。 • An outline knowledge and understanding of research and equivalent scholarly/academic processes. 研究以及开展同等学术活动所需的概要知识和理解。

续表

Characteristic 特征	The following descriptions are for guidance only- it is not expected that every point will be covered. 下面的描述仅供参考——不要求每一个点都涵盖
Practice：applied knowledge and understanding **实践：应用知识与理解**	Use a range of routine skills，techniques，practices and/or materials associated with a subject/discipline，a few of which are advanced or complex. 使用一系列与本学科相关的常规技能、技术、实践和/或材料，其中包含一些高级或复杂的内容。 Carry out routine lines of enquiry，development or investigation into professional level problems and issues. 对专业水平的问题和议题进行常规的查询、深入研究或调查。 Adapt routine practices within accepted standards. 按照公认的标准进行常规操作。
Generic cognitive skills **一般性认知技能**	Undertake critical analysis，evaluation and/or synthesis of ideas，concepts，information and issues that are within the common understandings of the subject/discipline. 在本学科共识基础上，对思想、概念、信息和问题进行批判性分析、评估和/或综合运用。 Use a range of approaches to formulate evidence-based solutions/responses to defined and/or routine problems/issues. 使用一系列的方法对确定的和/或常规的问题/议题形成基于证据的解决方案/对策。 Critically evaluate evidence-based solutions/responses to defined and/or routine problems/issues. 对确定的和/或常规的问题/议题的基于证据的解决方案/对策进行批判性评估。
Communication，ICT and numeracy skills **沟通、信息通信技术与计算技能**	Use a range of routine skills and some advanced and specialised skills associated with a subject/discipline，for example：广泛使用常规技能和一些与某一学科相关的高级专业技能，例如： • Convey complex information to a range of audiences and for a range of purposes. 向不同的受众和为了不同的目的传达复杂的信息。 • Use a range of standard applications to process and obtain data. 使用一系列标准应用程序来处理和获取数据。 • Use and evaluate numerical and graphical data to measure progress and achieve goals/targets. 使用和评估数字和图形数据来衡量进展和实现目标/目的。
Autonomy，accountability and working with others **自主性、责任感及与他人合作**	Exercise autonomy and initiative in some activities at a professional level. 在一些专业级别的活动中具有自主性和主动性。 Take significant managerial or supervisory responsibility for the work of others in defined areas of work. 在规定工作领域对他人工作承担重要的管理或监督责任。 Manage resources within defined areas of work. 在规定的工作范围内管理资源。 Take the lead on planning in familiar or defined contexts. 在熟悉的或确定的环境中带头制定计划。 Take continuing account of own and others' roles，responsibilities and contributions in carrying out and evaluating tasks. 在执行和评估任务时，不断考虑自己和他人的岗位、职责和贡献。 Work in support of current professional practice，under guidance. 在指导下支持当前的专业实践。 Deal with ethical and professional issues in accordance with current professional and/or ethical codes or practices，under guidance. 在指导下，按照当前的专业和/或道德规范或惯例处理职业道德和专业问题。

Table 4：SCQF Level 9

表 4：苏格兰学分与资历框架 9 级

Characteristic 特征	The following descriptions are for guidance only- it is not expected that every point will be covered. 下面的描述仅供参考——不要求每一个点都涵盖
Knowledge and understanding **知识与理解**	Demonstrate and/or work with：能够表现出和/或在工作中具备： • A broad and integrated knowledge and understanding of the scope，main areas and boundaries of a subject/discipline. 某一学科范围、主要领域和边界广泛而综合的知识和理解。 • A critical understanding of a selection of the principal theories，principles，concepts and terminology. 对主要理论、原理、概念和术语的批判性理解。 • Knowledge that is detailed in some areas and/or knowledge or one or more specialism that are informed by forefront developments. 某些领域的详细知识和/或了解一个或多个专门领域的前沿发展知识。

续表

Characteristic 特征	The following descriptions are for guidance only- it is not expected that every point will be covered. 下面的描述仅供参考——不要求每一个点都涵盖
Practice: applied knowledge and understanding 实践：应用知识与理解	Use a selection of principal skills, techniques, practices and/or materials associated with a subject/discipline. 使用一系列与某学科相关的常规技能、技术、实践和/或材料。 Usea few of skills, techniques, practices and/or materials that are specialized or advanced. 使用一些专业的或先进的技能、技术、实践和/或材料。 Practise routine methods of enquiry and/or research. 采用常规的查询和/或研究方法。 Practise in a range of professional level contexts that include a degree of unpredictability. 在具有一定程度的不可预测性的专业水平环境中进行实践。
Generic cognitive skills 一般性认知技能	Undertake critical analysis, evaluation and/or synthesis of ideas, concepts, information and issues. 对思想、概念、信息和问题进行批判性的分析、评价和/或综合运用。 Identify and analyse routine professional problems and issues. 识别和分析常规的专业问题和议题。 Draw on a range of sources in making judgements. 利用多种信息来源进行判断。
Communication, ICT and numeracy skills 沟通、信息通信技术与计算技能	Use a range of routine skills and some advanced and specialised skills in support of established practices in a subject/discipline, for example: 使用一系列常规技能和一些高级专业技能来支持某一学科的既定实践，例如： • Make formal and informal presentations on standard/mainstream topics in the subject/discipline to a range of audiences. 就本学科的标准/主流主题向不同的听众作正式或非正式的介绍。 • Use a range of IT applications to support and enhance work. 使用一系列信息技术应用程序来支持和强化工作。 • Interpret, use and evaluate numerical and graphical data to achieve goals/targets. 解释、使用和评估数字和图形数据来实现目标/目的。
Autonomy, accountability and working with others 自主性、责任感及与他人合作	Exercise autonomy and initiative in some activities at a professional level. 在一些专业级别的活动中具有自主性和主动性。 Take some responsibility for the work of others and for a range of resources. 对他人的工作和一系列资源负责。 Practise in ways that take account of own and others' roles and responsibilities. 在实践中，需要考虑到自己和他人的岗位和职责。 Work, under guidance, with qualified practitioners. 在一定的指导下与合格的从业人员合作。 Deal with ethical and professional issues in accordance with current professional and/or ethical codes or practices, seeking guidance where appropriate. 按照当前的专业和/或道德规范或惯例处理职业道德和专业问题，并在适当的时候寻求指导。

Table 5: SCQF Level 10

表5：苏格兰学分与资历框架10级

Characteristic 特征	The following descriptions are for guidance only- it is not expected that every point will be covered. 下面的描述仅供参考——不要求每一个点都涵盖
Knowledge and understanding 知识与理解	Demonstrate and/or work with: 能够表现出和/或在工作中具备： Knowledge that covers and integrates most of the principal areas, features, boundaries, terminology and conventions of a subject discipline. 能够涵盖和集成一门学科的大部分主要领域、特性、边界、术语和惯例的知识。 • A critical understanding of the principal theories, concepts and principles. 对主要理论、概念和原理的批判性理解。 • Detailed knowledge and understanding in one or more specialism some of which is informed by or at the forefront of a subject/discipline. 一个或多个专业领域的详细的知识和理解，包括一些学科的前沿知识。 • Knowledge and understanding of the ways in which the subject/discipline is developed, including a range of established techniques of enquiry or research methodologies. 对本学科发展方式的知识和理解，包括一系列既定的调查或研究方法。

续表

Characteristic 特征	The following descriptions are for guidance only- it is not expected that every point will be covered. 下面的描述仅供参考——不要求每一个点都涵盖
Practice: applied knowledge and understanding **实践：应用知识与理解**	Use a range of principal skills, practices and/or materials associated with a subject/discipline. 使用一系列与某一学科相关的主要技能、实践和/或材料。 Use a few of skills, practices and/or materials which are specialized, advanced, or at the forefront of a subject/discipline. 使用一些专业的、先进的或某一学科前沿的技能、实践和/或材料。 Execute a defined project of research, development or investigation and identify and implement relevant outcomes. 执行既定的研究、开发或调查项目，确定并实施相关成果。 Practise in a range of professional level contexts which include a degree of unpredictability and/or specialism. 在一系列具有一定程度的不可预测性和/或专业性的专业水平环境中进行实践。
Generic cognitive skills **一般性认知技能**	Critically identify, define, conceptualise, and analyse complex/professional level problems and issues. 批判性地识别、定义、概念化和分析复杂/专业水平的问题和议题。 Offer professional level insights, interpretations and solutions to problems and issues. 提供专业水平的见解，解释以及问题和议题的解决方案。 Critically review and consolidate knowledge, skills, practices and thinking in a subject/discipline. 批判性地回顾和巩固某学科的知识、技能、实践和思维。 Demonstrate some originality and creativity in dealing with professional level issues. 在处理专业问题时表现出一定的原创性和创造性。 Make judgements where data/information is limited or comes from a range of sources. 当数据/信息有限或数据信息来源广泛时，能够做出判断。
Communication, ICT and numeracy skills **沟通、信息通信技术与计算技能**	Use a wide range of routine skills and some advanced and specialised skills in support of established practices in a subject/discipline, for example: 使用广泛的常规技能和一些高级专业技能来支持某一学科的既定实践，例如： • Make formal presentations about specialized topics to informed audiences. 向有见地的听众做关于专业主题的正式介绍。 • Communicate with professional level peers, senior colleagues and specialists. 与业内同行、资深同事、专家交流。 • Use a range of software to support and enhance work at this level and specify refinements/improvements to software to increase effectiveness. 使用一系列软件来支持和强化这一层级的工作，并对软件进行细化/改进以提高效率。 • Interpret, use and evaluate a wide range of numerical and graphical data to set and achieve goals/targets. 解释、使用和评估广泛的数字和图形数据，以设置和实现目标/目的。
Autonomy, accountability and working with others **自主、责任及与他人合作**	Exercise autonomy and initiative in professional/equivalent activities. 在专业/同等级别的活动中发挥自主性和主动性。 Take significant responsibility for the work of others and for a range of resources. 对他人的工作和一系列资源承担重大责任。 Practise in ways which show a clear awareness of own and others' roles and responsibilities. 在实践中，清楚地意识到自己和他人的岗位和职责。 Work effectively, under guidance, in a peer relationship with qualified practitioners. 在指导下，与同行合格的从业人员有效的合作。 Work with others to bring about change, development and/or new thinking. 与他人合作带来改变、发展和/或新思维。 Deal with complex ethical and professional issues in accordance with current professional and/or ethical codes or practices. 按照当前的专业和/或道德规范或惯例处理复杂的职业道德和专业问题。 Recognise the limits of these codes and seek guidance where appropriate. 认识到这些规范的局限性，并在适当的时候寻求指导。

附录 2

高等职业学校会计专业教学标准

一、专业名称（专业代码）

会计（630302）。

二、入学要求

普通高级中学毕业、中等职业学校毕业或具备同等学力。

三、基本修业年限

三年。

四、职业面向

本专业职业面向如表 1 所示。

表 1　本专业职业面向

所属专业大类（代码）	所属专业类（代码）	对应行业（代码）	主要职业类别（代码）	主要岗位群或技术领域举例
财经商贸大类（63）	财务会计类（6303）	会计、审计及税务服务（7241）	会计专业人员（2－06－03－00）	会计核算；会计监督

五、培养目标

本专业培养理想信念坚定，德、智、体、美、劳全面发展，具有一定的科学文化水平，良好的人文素养、职业道德和创新意识，精益求精的工匠精神，较强的就业能力和可持续发展的能力，掌握本专业知识和技术技能，面向各类中小微型企业和非营利组织的会计专业人员职业群，能够从事会计核算、会计监督等工作的高素质技术技能人才。

六、培养规格

本专业毕业生应在素质、知识和能力等方面达到以下要求：

（一）素质

（1）坚定拥护中国共产党领导和我国社会主义制度，在习近平新时代中国特色社会主义思想指引下，践行社会主义核心价值观，具有深厚的爱国情感和中华民族自豪感。

（2）崇尚宪法、遵法守纪、崇德向善、诚实守信、尊重生命、热爱劳动，履行道德准则和行为规范，具有社会责任感和社会参与意识。

（3）具有质量意识、环保意识、安全意识、信息素养、工匠精神、创新思维。

（4）勇于奋斗、乐观向上，具有自我管理能力、职业生涯规划的意识，有较强的集体意识和团队合作精神。

（5）具有健康的体魄、心理和健全的人格，掌握基本运动知识和1～2项运动技能，养成良好的健身与卫生习惯，以及良好的行为习惯。

（6）具有一定的审美和人文素养，能够形成1～2项艺术特长或爱好。

（二）知识

（1）掌握必备的思想政治理论、科学文化基础知识和中华优秀传统文化知识。

（2）熟悉与本专业相关的法律法规以及环境保护、安全消防等知识。

（3）掌握经济、财政、税务、金融、企业管理、市场营销等基础知识。

（4）掌握企业财务会计、企业成本核算与管理、企业财务管理、企业财务分析、管理会计、企业内部控制的理论知识。

（5）掌握企业会计制度设计的相关知识。

（6）掌握社会审计、内部审计的相关知识。

（三）能力

（1）具有探究学习、终身学习、分析问题和解决问题的能力。

（2）具有良好的语言、文字表达能力和沟通能力。

（3）具有文字、表格、图像的计算机处理能力，本专业必需的信息技术应用能力。

（4）具备出纳岗位工作能力，能够选择合理的结算方式，完成资金收付结算。

（5）具备会计核算能力，能够准确进行会计要素的确认、计量和报告，熟练进行会计凭证审核与编制、账簿登记以及报表编制。

（6）具备成本核算与管理能力，能够合理选择产品成本计算的方法，正确计算产品成本，科学进行成本分析与管理。

（7）具备涉税事务处理能力，能够正确计算各种税费，并进行规范申报，能够进行基本的纳税筹划和纳税风险控制。

（8）具备一定的管理会计能力，能够进行财务、业务信息的处理、分类、分析、输出，提供企业决策所需的信息。

（9）具备企业内部管理与控制的基本能力，能进行中小微企业和非营利组织会计核算制度的设计，并能合理应用内部控制的基本原理和方法进行内部会计控制。

（10）具备一定的审计工作能力，能够收集整理审计证据和有关审计信息，编制审计工作底稿，协助审计人员编制审计报告。

（11）具备一定的财务管理能力，能够运用财务管理的基本原理和方法进行中小微企业筹资、投资及营运方案的分析，能够运用预算编制的基本方法编制企业收入、成本费用以及项目预算。

（12）具备撰写财务会计报告、财务与成本分析报告的能力。

七、课程设置及学时安排

（一）课程设置

本专业课程主要包括公共基础课程和专业课程。

1. 公共基础课程

根据党和国家有关文件规定，将思想政治理论、中华优秀传统文化、体育、军事理论与军训、大学生职业发展与就业指导、心理健康教育等列入公共基础必修课；并将党史国史、劳动教育、创新创业教育、大学语文、信息技术、经济应用数学、公共外语、健康教育、美育、职业素养等列入必修课或选修课。

学校根据实际情况可开设具有本校特色的校本课程。

2. 专业课程

专业课程一般包括专业基础课程、专业核心课程、专业拓展课程，并涵盖有关实践性教学环节。学校可自主确定课程名称，但应包括以下主要教学内容：

（1）专业基础课程。

专业基础课程一般设置6～8门，包括：财经法规与会计职业道德、经济学原理、财政金融基础、统计基础、经济法基础、财务会计基础、管理会计基础、出纳业务操作等。

（2）专业核心课程。

专业核心课程一般设置6～8门，包括：企业财务会计、成本核算与管理、纳税实务、企业财务管理、企业财务分析、会计信息系统应用、企业内部控制、会计制度设计等。学校可根据实际情况，适当调整1～2门课程。

（3）专业拓展课程。

专业拓展课程一般包括三类，一是拓展学生应用能力的课程，如数据收集与整理、Excel财务应用、ERP沙盘模拟训练、财经应用文写作、会计英语等；二是促进人才深层次发展的课程，如中国会计文化、审计基础与实务、管理会计实务、行业会计比较、企业管理、市场营销等；三是体现学校特色的课程。

3. 专业核心课程主要教学内容

专业核心课程主要教学内容如表2所示。

表2 专业核心课程主要教学内容

序号	专业核心课程名称	主要教学内容
1	企业财务会计	财务会计概念框架；存货、金融资产、长期股权投资、固定资产、无形资产、投资性房地产、资产减值等资产的核算；流动负债和非流动负债的核算；所有者权益的核算；收入的核算；费用的核算；利润的核算；财务会计报告
2	成本核算与管理	成本核算程序、费用归集和分配、品种法、作业成本法、目标成本法、标准成本法、变动成本法、成本报表的编制和成本分析与管理
3	纳税实务	税收管理、增值税计算与申报、消费税计算与申报、关税计算与申报、企业所得税计算与申报、个人所得税计算与申报以及其他税种的计算与申报、纳税筹划与风险管控
4	企业财务管理	货币时间价值、筹资管理、投资管理、营运资金管理、收益分配管理、全面预算管理等
5	企业财务分析	财务分析基本原理、资产负债表分析、利润表分析、现金流量表分析、成本费用分析、财务综合分析、表外信息的理解与分析等
6	会计信息系统应用	总账报表核算子系统、职工薪酬核算与管理子系统、固定资产核算与管理子系统、往来核算与管理子系统、存货核算与管理子系统、采购与销售管理子系统以及其他信息子系统的应用
7	企业内部控制	企业内部控制基本规范、企业内部控制应用指引（小企业内部控制规范）、企业内部控制评价指引等
8	会计制度设计	会计机构设计、会计人员配备、会计岗位设计、会计职责划分、会计科目设计、会计凭证设计、会计账簿设计、会计报表设计、会计业务处理流程设计、相关业务管理制度设计等

4. 实践性教学环节

实践性教学环节主要包括实验、实训、实习、毕业设计、社会实践等。实训可在校内实训室、校外实训基地等开展完成；实践性教学主要包括：点钞捆钞、凭证整理与装订、小键盘录入、会计书写、办公软件应用等会计基本技能实训以及出纳岗位技能训练、ERP沙盘模拟训练、会计岗位技能训练、会计综合技能训练、纳税申报技能训练等。应严格执行《职业学校学生实习管理规定》和《高等职业学校会计专业顶岗实习标准》。

5. 相关要求

学校应统筹安排各类课程设置，注重理论与实践一体化教学；应结合实际，开设安全教育、社会责任、绿色环保、管理等方面的选修课程、拓展课程或专题讲座（活动），并将有关内容融入专业课程教学；将创新创业教育融入专业课程教学和相关实践性教学；自主开设其他特色课程；组织开展德育活动、志愿服务活动和其他实践活动。

（二）学时安排

总学时一般为2500学时，每16～18学时折算1学分。公共基础课学时一般不少于总学时的25%。实践性教学学时原则上不少于总学时的50%，其中，顶岗实习累计时间一般为6个月，可根据实际集中或分阶段安排实习时间。各类选修课程学时累计不少于总学时的10%。

八、教学基本条件

（一）师资队伍

1. 队伍结构

学生数与本专业专任教师数比例不高于25：1，双师素质教师占专业教师比例一般不低于60%，专任教师队伍要考虑职称、年龄，形成合理的梯队结构。

2. 专任教师

专任教师应具有高校教师资格；有理想信念、有道德情操、有扎实学识、有仁爱之心；具有会计相关专业本科及以上学历；具有扎实的本专业相关理论功底和实践能力；具有较强信息化教学能力，能够开展课程教学改革和科学研究；有每5年累计不少于6个月的企业实践经历。

3. 专业带头人

专业带头人原则上应具有副高及以上职称，能够较好地把握国内外行业、专业发展，能广泛联系行业企业，了解行业企业对本专业人才的需求实际，教学设计、专业研究能力强，组织开展教科研工作能力强，在本区域或本领域具有一定的专业影响力。

4. 兼职教师

兼职教师主要从本专业相关的行业企业聘任，具备良好的思想政治素质、职业道德和工匠精神，具有扎实的专业知识和丰富的实际工作经验，具有中级及以上相关专业职称，能承担专业课程教学、实习实训指导和学生职业发展规划指导等教学任务。

（二）教学设施

教学设施主要包括能够满足正常的课程教学、实习实训所需的专业教室、校内实训室和校外实训基地等。

1. 专业教室基本条件

专业教室一般配备黑（白）板、多媒体计算机、投影设备、音响设备，互联网接入或Wi-Fi环境，并实施网络安全防护措施；安装应急照明装置并保持良好状态，符合紧急疏散要求，标志明显，保持逃生通道畅通无阻。

2. 校内实训室基本要求

（1）会计基本技能实训室。

会计基本技能实训室应配备实训工作台、计算机（安装教学管理系统）、投影设备和音响设备、点钞和捆钞机、凭证装订机；练功券、捆钞纸、书写纸、文件柜以及相关实训用资料和工具，互联网接入或Wi-Fi环境；支持分班进行点钞捆钞、凭证整理与装订、小键盘录入、会计书写、办公软件应用等会计基本技能实训。

（2）会计岗位实训室。

会计岗位实训室应营造仿真企业财务室工作环境，配备隔断式工位台、计算机（安装教学管理系统以及相关实训系统）、凭证装订机、打印机、投影设备和音响设备，文件柜以及相关实训用资料和工具，互联网接入或 Wi-Fi 环境；支持会计岗位手工实训和信息化实训。

（3）ERP 沙盘实训室。

ERP 沙盘实训室应配置实训工作台，计算机（安装教学管理系统以及相关 ERP 实训软件）、投影设备和音响设备，文件柜以及相关实训用资料和工具，互联网接入或 Wi-Fi 环境；支持模拟企业经营实训。

（4）会计综合实训室。

会计综合实训室应配置实训工作台，计算机（安装教学管理系统以及会计综合实训软件）、投影设备和音响设备，文件柜以及相关实训用资料和工具，互联网接入或 Wi-Fi 环境；支持财务会计基础、管理会计基础、出纳业务操作、企业财务会计、纳税实务、企业成本核算与管理、会计信息系统应用、企业财务管理、企业财务分析、企业内部控制、会计制度设计等专业课程实训。

3. 校外实训基地基本要求

校外实训基地基本要求为：具有稳定的校外实训基地；能够开展会计专业等实训活动，实训设施齐备，实训岗位、实训指导教师确定，实训管理及实施规章制度齐全。

4. 学生实习基地基本要求

学生实习基地基本要求为：具有稳定的校外实习基地；能提供会计核算、会计监督等相关实习岗位；能涵盖当前相关产业发展的主流技术，可接纳一定规模的学生实习；能够配备相应数量的指导教师对学生实习进行指导和管理；有保证实习生日常工作、学习、生活的规章制度，有安全、保险保障。

5. 支持信息化教学方面的基本要求

支持信息化教学方面的基本要求为：具有可利用的数字化教学资源库、文献资料、常见问题解答等信息化条件；鼓励教师开发并利用信息化教学资源、教学平台，创新教学方法，引导学生利用信息化教学条件自主学习，提升教学效果。

（三）教学资源

教学资源主要包括能够满足学生专业学习、教师专业教学研究和教学实施所需的教材、图书文献及数字教学资源等。

1. 教材选用基本要求

按照国家规定选用优质教材，禁止不合格的教材进入课堂。学校应建立专业教师、行业专家和教研人员等参与的教材选用机构，完善教材选用制度，经过规范程序择优选用教材。

2. 图书文献配备基本要求

图书文献配备能满足人才培养、专业建设、教科研等工作的需要，方便师生查询、借阅。专业类图书文献主要包括：有关财会专业理论、技术、方法、思维以及实务操作类图书等。

3. 数字教学资源配置基本要求

建设、配备与本专业有关的音视频素材、教学课件、数字化教学案例库、虚拟仿真软件、数字教材等专业教学资源库，应种类丰富、形式多样、使用便捷、动态更新，能满足教学要求。

九、质量保障

（1）学校和二级院系应建立专业建设和教学质量诊断与改进机制，健全专业教学质量监控管理制度，完善课堂教学、教学评价、实习实训、毕业设计以及专业调研、人才培养方案更新、资源建设等方面质量标准建设，通过教学实施、过程监控、质量评价和持续改进，达成人才培养规格。

（2）学校和二级院系应完善教学管理机制，加强日常教学组织运行与管理，定期开展课程建设水平和教学质量诊断与改进，建立健全巡课、听课、评教、评学等制度，建立与企业联动的实践教学环节督导制度，严明教学纪律，强化教学组织功能，定期开展公开课、示范课等教研活动。

（3）学校应建立毕业生跟踪反馈机制及社会评价机制，并对生源情况、在校生学业水平、毕业生就业情况等进行分析，定期评价人才培养质量和培养目标达成情况。

（4）专业教研组织应充分利用评价分析结果有效改进专业教学，持续提高人才培养质量。

附录 3

教育部职业院校专业人才培养方案参考格式及有关说明

一、专业名称及代码

对照高职现行专业目录规范表述。

二、入学要求

高等职业学校学历教育入学要求一般为高中阶段教育毕业生或具有同等学力。

三、修业年限

以 3 年为主，可以根据学生灵活学习需求合理、弹性安排学习时间。

四、职业面向

可以表格的形式呈现。包括本专业所属专业大类（专业类）及代码，本专业所对应的行业、主要职业类别、主要岗位类别（或技术领域）、职业技能等级证书、社会认可度高的行业企业标准和证书举例。

五、培养目标与培养规格

（一）培养目标

高职院校根据各自的办学层次和办学定位，参照国家专业教学标准，科学合理确定本专业人才培养目标。

（二）培养规格

本专业毕业生应具备的素质、知识和能力等方面的要求，应将本专业所特有的，有别于其他专业的职业素养要求纳入。

六、课程设置及要求

主要包括公共基础课程和专业（技能）课程。

（一）公共基础课程

应准确描述各门课程的课程目标、主要内容和教学要求，落实国家有关规定和要求。

（二）专业（技能）课程

应准确描述各门课程的课程目标、主要内容和教学要求，增强可操作性。

七、教学进程总体安排

教学进程是对本专业技术技能人才培养、教育教学实施进程的总体安排，是专业人才培养方案实施的具体体现。以表格的形式列出本专业开设课程类别、课程性质、课程名称、课程编码、学时学分、学期课程安排、考核方式，并反映有关学时比例要求。

八、实施保障

主要包括师资队伍、教学设施、教学资源、教学方法、学习评价、质量管理等方面。

（一）师资队伍

对专兼职教师的数量、结构、素质等提出有关要求。

（二）教学设施

对教室，校内、校外实习实训基地等提出有关要求。

（三）教学资源

对教材选用、图书文献配备、数字资源配备等提出有关要求。

（四）教学方法

对实施教学应采取的方法提出要求和建议。

（五）学习评价

对学生学习评价的方式方法提出要求和建议。

（六）质量管理

对专业人才培养的质量管理提出要求。

九、毕业要求

毕业要求是学生通过规定年限的学习，须修满的专业人才培养方案所规定的学时学分，完成规定的教学活动，毕业时应达到的素质、知识和能力等方面要求。毕业要求应能支撑培养目标的有效达成。

十、附录

一般包括教学进程安排表、变更审批表等。

参 考 文 献

[0] 陈宝荣. 我国高等职业教育国际化发展及对策研究 [J]. 高等职教, 2012 (5): 15.

[1] [4] https: //www. qaa. ac. uk/quality-code/subject-benchmark-statements.

[2] [14]《教育部关于职业院校专业人才培养方案制订与实施工作的指导意见》(教职成〔2019〕13 号).

[3] [10] 江小明, 李志宏, 王国川. 对落实《教育部关于职业院校专业人才培养方案制定与实施工作的指导意见》的认识与思考 [J]. 中国职业技术教育, 2019 (23): 9.

[5] 教育部职业教育与成人教育司. 高等职业学校专业教学标准 (试行) [M]. 北京: 中央广播电视大学出版社, 2012.

[6] [17] 教育部行业职业教学指导委员会工作办公室. 高等职业学校专业教学标准. 财经商贸大类. I [M]. 北京: 国家开放大学出版社, 2019.

[7] 教育部等九部门关于印发《职业教育质量提升计划 (2020 - 2023)》的通知, (教职成 [2020] 7 号).

[8] 张伟远, 谢青松. 终身教育资历框架研究 [M]. 北京: 国家开放大学出版社, 2020: 56.

[9] 殷明, 刘丹青, 郑继昌. 美国学历资格框架 (DQP) 述评 [J]. 中国职业技术教育, 2016 (6): 80.

[11] [12]《关于组织做好职业院校专业人才培养方案制订与实施工作的通知》(教职成司函〔2019〕61 号).

[13] https: //warwick. ac. uk/services/aro/dar/quality/coursespecs/view/glossary/.

[15] 潘尖, 先凤尧. 形成性评价与过程性评价的区别 [J]. 新课程研究, 2018 (8).

[16] 江小明, 李志宏, 王国川. 基于教学标准体系建设的高职专业教学标准研究 [J]. 中国职业技术教育, 2021 (2): 5 - 9.

[18] UK NARIC International Professional Standards Evaluation and Recognition Program in Higher Vocational Education Handbook for Chinese Colleges.